십 대를 위한
두근두근
N잡
대모험

십 대를 위한
두근두근 N잡 대모험

초판 1쇄 발행 2019년 12월 20일
초판 3쇄 발행 2023년 5월 10일

지은이 백다은
펴낸이 이지은 **펴낸곳** 팜파스
책임편집 이은규
디자인 조성미 **마케팅** 김민경, 김서희
인쇄 케이피알커뮤니케이션

출판등록 2002년 12월 30일 제 10-2536호
주소 서울특별시 마포구 어울마당로5길 18 팜파스빌딩 2층
대표전화 02-335-3681 **팩스** 02-335-3743
홈페이지 www.pampasbook.com | blog.naver.com/pampasbook
이메일 pampas@pampasbook.com

값 13,000원
ISBN 979-11-7026-313-5 (43190)

이 도서의 국립중앙도서관 출판시도서목록(CIP)은 서지정보유통지원시스템 홈페이지
(http://seoji.nl.go.kr)와 국가자료공동목록시스템(http://www.nl.go.kr/kolisnet)
에서 이용하실 수 있습니다.(CIP제어번호: CIP2019048092)

십 대를 위한

두근두근

N잡

백다은
지음

대모험

팜파스

두근두근 N잡 대모험

본격적인
모험에 앞서

'10대로 다시 돌아간다면 무엇을 할 것인가?'

이 책을 준비하면서 스스로에게 수백 번 물었습니다. 그 끝에 얻은 답은 하나였습니다.

'남들이 짜 준 정해진 시간표 대신, 사소한 모험과 꾸준한 실험으로 만든 나만의 시간표를 따르겠다.'

친구들과 이런 대화를 나눈 적이 있습니다. 우리는 어릴 때부터 입시 경쟁에 놓여, 정규 교육 과정을 밟으며 항상 이미 짜여 있는 '남의 시간표'에 익숙해져 있는데, 정작 진학이나 취업할 땐 '너만의 인생 계획표를 보여줘.'라는 주문을 받게 되어 적잖이 당황하게 된다고요. 우리는 늘 어른들이 준 모범 답안지를 잘 따라갈 때 칭찬받아 왔을 뿐, 한 번도 우리 각자의 시간표를 가져본 적이 없었으니까요.

이 책을 준비하면서 이미 자신만의 시간표대로 모험을 떠난 이들의 살아있는 이야기를 더욱 귀 기울여 듣게 되었습니다. 그동안의 성공 방정식을 깨고 '나답게 사는 인생', 자신만의 길을 새롭게 만들어 가는 사람들이죠. 의사이면서 동화 작가, 기자 출신의 데이터 분석가, 은행 퇴직 후 화가, 1인 출판사 사장이면서 강연자, 외국계 회사 마케터에서 게스트 하우스 운영자, 프리랜서 여행 작가로 변신한 사람 등 다채롭고 생동감 있는 이야기였습니다.

그러한 삶을 사는 사람들에게는 공통점이 있습니다. 단순히 2개의 직업을 갖는 투잡(two job)을 넘어 N잡(N job), 한 회사나 직업에만 안주하지 않고 직업의 가짓수를 무한대로 확장하는 삶의 방식을 택했습니다. 삶의 의미를 찾아 자아실현 하는 것을 그 무엇보다도 중요하게 생각하며 모험하듯 N잡하며 살아가는 것이지요. 우리는 이들을 'N잡러[N잡+er(~하는 사람: 여러 개의 직업을 가진 사람)]'라고 부릅니다. N잡은 단순히 '직업이나 일이 몇 개냐'라는 의미가 아닙니다. '내 삶을 어떻게 꾸려갈 것인가', '어떻게 주도적인 삶을 살아갈 것인가'라는 물음에 대한 답입니다. 즉, 진정한 인생의 주인공이 되는 방법에 대한 이야기입니다.

30대인 저 역시 여전히 '나답게 사는 인생'을 찾는 모험을 하고 있습니다. 어떻게 사는 것이 좋을지 실험하고 있다고 생각합니다. 살아온 시간을 돌아보면 10대 때는 제가 원하는 대로 살았다기보다는 철저히 어른들의 기대치에 맞춘 생활을 했고, 20대 때는 그런 생활에 길들여진 상태에서 혼란을 겪는 가운데 저만의 길을 찾아보고자 노력했습니다. '이쯤하면 사회가 원하는 방식대로 살아왔지 않은가.'라는 회의감이 들 무렵부터 그동안 살아온 시간의 껍질을 벗고 '내가 행복한 삶을 만들어 가고 싶다'는 마음을 갖게 되었습니다.

학창 시절 '대학만 가면 뭐든 다 할 수 있다.'는 어른들의 말씀을 귀에 못이 박히게 들었지만 그 믿음은 실망만 주었습니다. 더군다나 교육 대학교의 특성상 기대했던 대학 생활은 온데간데없고, 고등학교의 연장선 같았습니다. 마치 입시에 맺혔던 한이라도 풀듯, 숨 막히는 환경에서 벗어나고만 싶었습니다. 그때부터였습니다. 호기심이나 관심사에 따라 하고 싶은 것들, 크든 작든 할 수 있는 것들을 직접 실행해 보기로 마음먹었습니다. '아무 것도 하지 않으면 아무 일도 일어나지 않는다.'는 사실을 몸소 확인했으니 말이죠.

우선 대학교 내 음악 동아리 오디션에 참가했습니다. 키보드 세션을 맡아 매 학기마다 친구들과 소극장에서 공연을 해 보기 시작했습니다. 그 이전까지는 무언가를 꾸준히 해 본 경험이 많지 않았는데, 공연은 혼자만의 것이 아니었기에 끝까지 해낼 수 있었습니다. 또 교육 전공과는 다소 거리가 있었지만 외교통상부 인턴십 프로그램에도 참여해 보았습니다. 평소 관심 있었던 외교관에 대한 궁금증을 풀기 위해 주말 시간을 쏟는 것도 아깝지 않았습니다. 언제나 부담을 주기 마련인 시험이나 과제 등에서 벗어나, 그저 내 마음이 가는대로 움직이다 보니 관심을 갖게 되는 분야도, 종류도, 형태도 점차 다양해지기 시작했습니다.

온라인 카페에서 우연히 공고를 보고 처음으로 써 본 연극 시놉시스가 대학로 극단 공모에 입선한 일, 교양 과목으로 프랑스 영화 수업을 선택하여 많은 프랑스 영화들을 접했던 일, 어릴 적 피아니스트를 꿈꿨던 것을 잊지 않고 더 나아가 작곡과 작사에 도전해 본 것, 비록 최종 합격은 하지 못했지만 타 대학 친구들과 글로벌 탐방 대원이 되기 위한 공모전을 준비했던 일, 유럽 15개국 배낭여행 등 경험의 종류도 점차 다양해졌습니다. 그리고 신기하게도 서로 관련이 없을 것 같던 일들이 연결되기 시작했습니다. 어느 순간부턴가 그 경험들이 초등학교에서 국어, 음악, 사회, 영어 등 전 교과를 지도할 교사로서의 자양분이 될 것이라는 믿음도 점차 공고해졌습니다.

이런 경험과 믿음을 바탕으로, 교사가 되고 난 후에도 EBS 공채 강사가 되어 방송, 온라인을 통해 전국의 학생들과 만나기도 했습니다. 출판사에 제안해 어린이책을 출간하기도 하고, 남편과 함께 대기업에서 주최하는 IT 기반의 사회 문제 해결 공모전에 참가해 1,865개 팀 중 최종 결승에 진출했습니다. 또한 다양한 분야의 소셜 벤처를 비롯한 사회 혁신가들과 만날 수 있었습니다.

돌아보면 입시 지옥으로부터 해방만을 꿈꾸다 마침내 맞이한 스무 살의 봄, '이름 앞에 다양한 수식어가 붙을 수 있는 사람이 되고 싶다'고 생각했습니다. 신기하게도 지금 저는 초등학교 교사라는 본업을 두고 어린이책 작가, EBS 방송 진행자, 강연가라는 이름으로 불리고 있습니다. 그리고 모든 경험들은 자연스럽게 교육과 또 다시 연결되어 수업 속에 녹아들었습니다. '선생님의 세상이 넓으면 아이들에게 가져다줄 수 있는 것, 보여줄 수 있는 것, 데려다줄 수 있는 곳이 많아진다'는 말을 직접 경험했습니다. 초등학교 교사이면서 진로 교육에 깊은 관심을 갖게 된 것도 이 때문이었습니다. 교실 안팎에서 만나 본 다양한 사람들의 삶 자체가 살아있는 교육이 될 수 있다고 믿었습니다.

10대에 다양한 경험을 한다면 그것은 비단 진로뿐만이 아니라 더 풍요로운 삶을 살 수 있게 도와줄 것입니다. 각자 처한 상황과 희망하는 직업군 등은 다를지라도 삶이 던지는 질문들에 하나씩 답하며 '나답게 사는 인생'을 찾아가는 모험을 시작할 수 있습니다. 모험을 통해 인생의 수많은 실험을 거친 후 자기 방식대로의 삶을 살아가게 될 것입니다.

여러분은 어떤 모험을 해 보고 싶나요? 자신만의 시간표대로 모험을 떠나기 위해 여정을 한 눈에 살필 수 있는 지도, 멀리까지 내다볼 수 있게 도와주는 망원경, 모험 장비를 실은 배낭을 한 짐 어깨에 지고 '나답게 사는 인생'을 만들어 가는 모험을 시작해 보는 건 어떨까요? 이를 위해 여러분에게도 워밍업(몸풀기) 미션을 하나 건 넵니다.

특명, 여러 개의 나를 상상하라!

- 고등학교 밴드부 보컬 출신의 법학도
- 중학교 때부터 온라인에서 활동한 추리소설 작가
- 약학 대학 재학 중 랩 경연 대회에 참여해 자신의 이야기를 풀어본 예비 약사
- 뉴욕 드론 필름 페스티벌에 작품을 출품한 최연소 초등학생
- IT 회사 엔지니어 출신의 영화배우
- 10대 때부터 사회 문제 해결을 위해 캠페인을 벌여본 경험이 있는 플로리스트
- 애니메이션 코스프레를 즐겨하던 성우
- 마술을 즐겨하고 수업에도 활용하는 초등학교 교사
- 조조 영화를 즐겨 보고, 그것에서 영감을 얻는 요리사
- 공연장, 미술관, 서점을 자주 찾아 자신의 분야와 접목하려고 연구하는 건축 학과 학생

앞과 같은 방식으로 상상해 봅시다. 수의사, 소방관, 변호사, 교사, 경찰, 사업가, 배우 등 하나의 직업을 선택한 나의 모습 대신 말이에요. 10대에 해야 할 일은 '여러 개의 나를 상상해 보고 그것을 하나씩 그려 나가는 것 아닐까' 생각해 봅니다. 마치 자신이 주인공인 이야기책을 직접 써 내려가는 것처럼요.

우리는 그동안 좋은 대학을 졸업하고, 입사한 회사를 오래 다니면서 승진하거나, 연봉을 높여 다른 회사로 이직하거나, 점점 더 높은 연봉을 받고, 높은 직급으로 올라가는 사다리형 성공을 이상적이라고 생각해 왔습니다. 하지만 이제 좀 더 재미있고 의미 있는 나만의, 아니 우리들의 이야기를 써 내려갈 차례입니다. 물론 세상의 시선으로부터 완전히 자유로워지는 것은 쉽지 않습니다. 그럼에도 그동안 사회가 요구하는 하나의 모범 선택지에 대한 압력을 줄일 수 있는 유일한 방법은 나만의 답안지를 제출하는 것 아닐까요?

한 강연에서 '자신이 하는 일이 가치 있다고 느끼는 것에는 심사위원이 필요하지 않다'는 말을 듣고 깊이 공감한 적이 있습니다. 다른 사람의 인정에 앞서 자신이 부여하는 일의 가치가 우선 되어야할 것입니다. 일 자체가 주는 순수한 기쁨을 먼저 만끽하고, 다양한 기회를 통해 자신의 새로운 가치를 만들어 나가며, 작은 성공의 경험을 디딤돌 삼아 다음 선택도 자신감을 갖고 도전해 보는 것이죠. 그렇게 '두근두근 N잡 대모험'의 길을 걷고 있는 사람들과 앞으로 그 길을 걸어 나갈 우리를 위한 이야기를 지금부터 시작해 보겠습니다.

차례

Chapter 1

**N잡
대모험에
대한
모든 것**

Chapter
1

N잡 대모험에 대한 모든 것

누구에게나, 처음부터
천직은 없다

N잡러 = 내가 누구인지 찾아가는 여행

"나의 천직은 무엇일까?"

누구나 살면서 한번쯤 가져볼 법한 질문일 겁니다. 천직이란 생계를 위해 돈을 벌거나, 명예를 얻는 직업 정도의 의미를 넘어섭니다. '신의 부름을 받았다'는 뜻으로, 부름을 받은 분야를 찾은 사람은 그 일 자체에 모든 정열을 쏟아붓게 됩니다. 5살 때부터 피아노를 시작한 저는 유치원 때부터 장래 희망란에 항상 '피아니스트'를 적었습니다. 지금 생각해 보면 천직에 대한 개념조차 서 있지 않던 때였을 텐데도 말이죠.

도에서 옥타브 미까지 닿을 만큼 손가락이 길어 피아노를 치기 유리한 신체 조건이었고, 절대 음감이 있어 처음 듣는 음악도 듣고 바로 똑같이 연주할 수 있는 건 유일하게 타고난 재능이었습니다. 어릴 때부터 음악인의 길을 가는 것을 스스로도 믿어 의심치 않았습니다. 학교 음악 시간이나 합창반 등에서 늘 반주를 도맡아 했고, 콩쿠르에서 시교육감 대상을 받게 된 이후로 주변에서도 제가 당연히 음악을 전공할 것이라고 여겼고, 친구들은 제 이름을 본떠 농담 삼아 '백토벤'이라는 별명을 지어 주기도 했습니다. 피아노 앞에 앉아 아름다운 선율로 하루를 시작하고, 천재적인 예술가들의 작품을 연주하며 시공을 초월해 그들과 대화하는 듯한 황홀한 상상을 하며 연주할 정도로, 피아노 연주는 세상에서 가장 좋아하는 일이었습니다.

그런데 사춘기에 접어들면서 피아니스트가 되고 싶다는 생각에 조금씩 변화가 생겼습니다. 초등학생 고학년 시절은 콩쿠르를 준비하면서 매일 밤 10, 11시까지 피아노 학원에서 연습하던 때였는데, 같은 곡을 똑같이 연주하기 위해 레슨받고 연습하는 과정이 기계적으로 느껴지기 시작했던 겁니다.

스트레스를 푼답시고 틈날 때마다 당시 유행하던 애니메이션이나 드라마 OST, 크리스마스 캐럴 등을 같이 연습하던 친구들 앞에서 들려주다가 원장 선생님께 불려가 눈물이 쏙 빠지도록 혼이 나곤 했습니다. 그런 일들이 반복되면서 점점 피아노에 대한 흥미를 잃고, 피아니스트의 꿈은 결국 접게 되었습니다.

꿈을 포기했다고?
'나만의 천직'을 향해 매일 한 걸음!

그때로부터 10여 년이 지나 저는 피아니스트가 아닌 초등학교 교사가 되었습니다. 반 아이들과 우리 반 주제가를 만들기도 하고, 아이들이 직접 지은 동시를 낭송할 때 BGM을 깔아주고, 캐럴이나 만화 주제가 메들리를 연주하며 같이 노래 부를 때 이런 생각을 했습니다. 어릴 때 선망하던 해외 순회공연을 다니는 피아니스트는 아니지만, 또 다른 의미에서 '천직'에 가까워지고 있다고요. 지금 생각해 보면 '피아노 치는 초등학교 선생님'으로 살아가는 것이 저에게는 더 잘 맞는 옷이었습니다.

게다가 제가 쓴 동화책을 모티프로 피아노 연주와 함께 북콘서트를 진행한 적도 있었습니다. 또 '아빠랑 스위스'라는 곡을 만들고 대한민국 대표 작곡가인 김형석 님이 주최하는 오디션에서 인정받아 음원으로도 발매하였습니다. 제가 담임을 맡았던 아이들도 무척이나 좋아해 주었던 곡입니다. 실제 그 곡을 계기로 부모님과 스위스를 포함한 유럽 여행을 다녀오기도 했습니다. 이보다 더 행복하고 보람 있는 일은 세상에 없을 거라고 생각했죠.

♫ **아빠랑 스위스 (백다은 작곡, 작사)**

따끈한 치즈에 풍덩

빵과 고기를 찍어

스위스 퐁듀 요렇게 먹는 거라며

한입 쏙 넣어드릴게요.

동화 속 하이디처럼

물감푼 하늘 달려

스트레슨 솜사탕처럼 녹는

호수마을 보러 가요

꿈 속에 언제나

그린 그 곳에 가면

랄랄랄 라라라 요를레이

스위스 아빠랑 하나 둘셋, 찰칵!

융프라우 정상에 가면

컵라면 만원이나 해

세상에 제일 비싼 금라면을

후후 불어 먹어요.

그 무렵, 어릴 때부터 함께 피아니스트의 길을 준비하던 친구가 독일 유학을 다녀와 독주회를 연다는 소식을 들었습니다. 스스로 질문을 던져 보았죠.

'내가 피아니스트가 되는 길을 걸었다면, 과연 자신 있게 천직이라고 만족할 수 있었을까?'

만약 제가 음대 입시를 거쳐 음악대학교 피아노과를 졸업해 유학을 다녀왔다면, 피아니스트 백다은이라는 이름으로 살고 있을지도 모릅니다. 멋진 드레스를 입고 무대에서 피아노를 연주하는 그 친구처럼 유학파 피아니스트는 되지 못했고, 프로 뮤지션이라 이름 붙일 수도 없지만 오히려 지금이 더 천직에 가까워져 가고 있다고 느끼는 것은 왜일까요?

비록 어릴 때 선망하던 피아니스트라는 하나의 정해진 모습은 아니지만, 초등학교 교사로 동요 작곡가, 스토리텔링 피아노 연주가,

태교 음악 연주가, 융합 음악 교육가, 북콘서트 기획자, 피아노 유튜버 등을 또다시 꿈꿔볼 수 있다는 점에서 온리원(ONLY 1) 천직을 만들기 위한 새로운 모험이 시작되었던 것은 아닐까요?

　사실 그동안은 일직선으로 쭉 뻗은 사다리형 커리어가 성공의 방정식으로 통했습니다. 하지만 현대 사회에서 말하는 천직은 태어날 때부터 정해진 단 하나의 것이 아니라, 자기 자신에 맞게 '만들어가는 것'에 가깝습니다. 피아노를 친다고 모두가 피아니스트가 될 수

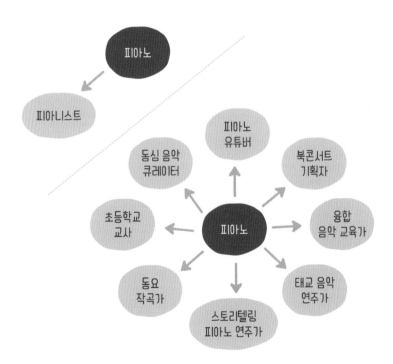

는 없고, 그렇게 되어야 하는 것도 아니니까요.

이 책에서는 단순히 많은 직업 개수를 가져야 한다고 말하지 않을 것입니다. N잡러가 되기 위한 모험은 내가 누구인지 찾아가는 소중한 여행이 될 것이기 때문입니다. 내가 즐겁고, 더 나아가 다른 사람들에게도 기쁨과 영감을 줄 수 있는 나다운 삶을 어떻게 꾸려나갈 것인가에 대한 자신만의 답을 찾아가는 셈이죠. 그리고 그 과정에서 매일 새롭게 한 뼘씩 자라고 있을 '나만의 천직'과 만나게 될 것입니다. 어느 날 거짓말처럼 눈앞에 짠 하고 나타날 수도 있겠지만, 운명이라기보다는, 잘 가꾸고 키워 나가는 것에 가깝지 않을까요?

이제 평생직장은 없다?
절망 대신 모험으로!

명절만 되면 스트레스를 호소하는 친구들이 많습니다. 오죽하면 '잔소리 메뉴판'이라는 것이 등장했을까요. 진학을 앞둔 청소년의 경우 성적과 대학 입시, 대학생은 취업과 관련된 내용이 인기 있는 잔소리 메뉴입니다. 어르신들의 지나친 관심이 부담으로 작용하니 잔소리하려면 그에 맞는 금액을 지불해 달라고 하는 것이죠.

그동안 우리 사회는 자신의 가치를 생각하기에 앞서 남들보다 좋은 스펙을 쌓아 진학, 취업만 잘하면 된다고 생각하는 사람들이 많았습니다. 어떻게든 사회가 정해 놓은 경로대로 가다가 정박하여

명절 잔소리 메뉴판

잘 되었으면 하는 그 마음 그대로, 감사히 돈으로 받겠습니다. ✦
(현금 환영, 계좌이체 가능)

너 반에서 몇 등하니? ······················· 30,000원

모의고사는 몇 등급이니? ·················· 50,000원

대학은 어디에 지원할 거니? ············· 50,000원

취업은 안 할 거니? ························· 70,000원

정규직이니? ································· 100,000원

연봉은 얼마나 되니? ····················· 200,000원

결혼할 사람은 있고? ····················· 300,000원

어딘가 한 군데에 안전하게 소속되어야 비로소 안도의 한숨을 쉴 수 있을 것이라고 끊임없이 압박을 받아왔죠. 채용 공고에서 제시하는 인재상에 부단히 나를 맞추어 그들이 요구하는 조건들을 하나씩 채워 나가야 하죠. 때로는, 누군가에게는, 그것이 옳은 첫 선택

지가 될 수도 있겠지만 그렇게 된다 한들 이제 평생직장도 거의 없고, 그 안도의 시기가 영원히 지속하지 않는다는 걸 사람들은 알게 되었습니다.

특히 지금의 2030세대는 1998년 외환 위기와 2008년 금융 위기를 겪은 부모 세대를 지켜보며 자라왔기에 '평생직장'이라는 개념이 사라져 가고 있고, 대기업이나 공공기관에서조차 정규직은 점차 줄어드는 추세임을 알게 되었거든요. 그로 인해 역으로 공무원 시험의 경쟁률이 더 높아지기는 했지만, 그 자리에 들어갈 수 있는 사람은 소수에 불과합니다. 또 정작 그 조직 안에 들어간 사람들도 만족하지 못하거나 불안해 하는 경우도 많습니다. 외부의 시선과는 달리, 교직 사회에서도 퇴임 후 지금의 퇴직 교사처럼 연금 혜택을 받을 수 있을 거라고 기대하는 젊은 교사는 거의 없을 정도입니다. 이제 안전지대는 없다고 보아도 무방합니다.

이런 상황임에도 불구하고 여전히 많은 어른들은 대학생 언니 오빠들에게 가고자 하는 직장이 '정규직인지', '연봉은 얼마나 되는지', '휴가는 얼마나 쓸 수 있는지', '보너스는 있는지' 등만 묻습니다. 여전히 차근차근 사다리를 타고 올라가 조직 내에서 승진하며 평생직장에서 퇴직하던 때를 그리워하면서 말이죠.

그런데 안타깝게도 정작 '낙타가 바늘구멍에 들어가기보다 어렵다'는 그 취업 관문을 뚫고도 갓 입사한 신입 사원이 몇 달도 채 못

버티고 퇴사하는 경우도 비일비재합니다. 1년 내 신입 사원 퇴사율이 27.7%일 만큼 많은 청년들이 자신의 적성에 대해 이해하지 못하고, 미래에 대한 구체적인 설계를 하지 못해 방황하고 있는데요. 좁은 취업문을 어렵게 통과하고도 입사한 지 1년 안에 회사를 떠나는 대졸 신입 사원이 4명 중 1명을 넘는 이 상황은 해가 갈수록 증가 추세를 보입니다.[*]

저의 한 친척 동생도 100통이 넘는 입사 원서를 쓴 끝에 국내 최고의 대기업에 합격했지만 채 3달도 못 되어 사표를 던진 적이 있습니다. 열심히 다니기만 하면 적어도 10년 이상은 누구나 부러워하는 회사에서 매달 만족스러운 월급이 통장에 찍히는 것을 보며 살 수 있었을 것입니다. 하지만 잦은 야근에 며칠씩 집에 들어가지도 못하는 생활이 반복되자 이렇게 힘들게 돈만 버는 건 자신이 꿈꾸던 삶이 아니라며 퇴사를 결심했다고 말했습니다.

이전에는 직장을 뛰쳐나와 생계를 위해 대리운전, 치킨 가게 창업과 같은 투잡(two job)을 하며 두 개의 조직에서 돈을 벌었다면, N잡(N job)은 그 성격이 좀 다릅니다. 직업의 가짓수를 무한대로 확장하여 자신의 길을 새롭게 만들어 가려는 것이기 때문입니다. 당장 돈보다는 자기만족, 삶의 질, 앞으로의 비전과 자아실현을 더

---

[*] 한국경영자총협회, 전국 306개 기업을 대상으로 '2016년 신입사원 채용실태 조사' 실시 결과

중요하게 여겨 다양한 경험을 통해 또 다른 길을 찾아 나서는 사람들이 많아졌습니다.

투잡과 N잡은 무엇이 다를까?

삶의 의미를 찾고 자아실현 하는 것을 중요하게 여기며 모험하듯 N잡하며 살아가는 'N잡러', 이미 그 모험을 떠난, 혹은 떠나기 위해 항구에서 준비 중인 이들이 많아졌습니다. N잡러들은 안정된 한 직장에 나인 투 식스(9 to 6)로 하루 종일 매여 내내 그 회사 일만 하는 것이 아니라 하루 24시간을 쪼개어 여러 일을 해내는 사람들인 만큼 각자 지금에 이르기까지 그 모험의 과정도 각양각색인데요.

여러분에게도 잘 알려진 유튜브 크리에이터 대도서관(본명 나동현), 그는 원래 디지털 콘텐츠를 유통하는 회사에 다녔습니다. 낮에는 회사원, 퇴근 후 밤에는 유튜버로 활동하였는데, 본업보다 부업으로 더 많은 수익을 얻게 되고 자신에게 더 잘 맞는다는 확신이 섰을 때 유튜버로 전업하였습니다. 그리고 그 모험을 감행한 덕에 예상치 못했던 방송에 출연하고, 자신의 모험기를 담은 책도 내게 되고, 같은 일을 하는 윰댕과 결혼도 하여 인생에 큰 변화를 맞게 됩니다.

이렇게 꼭 직장을 박차고 나와야만 모험을 할 수 있는 것은 아닙니다. 본업에 집중하다 보니 부업의 기회까지 주어져 자신의 가능성을 다양하게 펼칠 수도 있습니다. FRMS 민유식 대표는 미스터리 쇼핑 조사(조사원이 고객으로 가장하여 매장의 서비스 수준을 평가하고 개선점을 제안하는 일)를 합니다. 그의 커리어는 미스터리 쇼핑 조사 전문가에서 시작해 이와 관련된 책을 펴내는 1인 출판사 사장, 창업 컨설팅 강사, 대학 겸임교수로까지 그 범위가 확장되었습니다.

저도 학교라는 한 직장에 자리 잡은 지 어느덧 10년 차가 되었습니다. 모험해 보고 싶은 마음에 어린이 책을 내고, 주말이나 방학 때에는 EBS 강의 촬영을 하거나 외부 강연을 하며 바쁘게 지냈는데 본업과 밀접한 관련이 있는 일이다 보니 서로 좋은 영향을 주고받을 때가 많았습니다. 맑고 순수한 아이들과의 대화가 작품 창작에 영감을 주기도 하고, 다양한 경험들이 수업 아이디어에 그대로 녹아들어 가기도 하고 말이죠.

저 또한 여전히 또 다른 모험을 꿈꿔 보기도 합니다. 그 도전이 기대되기도 하고, 때로는 잘할 수 있을지 걱정이 앞설 때도 있지만요. 그럴 때마다 '배는 항구에 있을 때 가장 안전하지만, 그것이 배의 존재 이유는 아니다.'라는 명언을 떠올립니다. 가장 안전하다고 생각하는 곳에서 날개를 접고 움츠리며 살아가는 것이 자신의 존재 이유는 아닐 테니까요.

"탐험가들은 첫인상에 죽고 산다. 저기 앞에 보이는 후미는 안전한 곳일까 아니면 위험한 모래톱일까? 해변에서 손짓하는 사람들은 친구일까 아니면 적일까? 너무 신중하게 행동하다간 아무것도 발견하지 못하고 너무 무모하게 행동하다간 암초에 부딪히거나 마젤란처럼 창에 찔려 모래밭에서 죽게 된다."

『푸른 항해』(토니 호위츠, 뜨인돌, 326쪽)

'모험'이라는 단어는 양가감정을 선사합니다. 분명 처음엔 신나고 즐거움이 가득한 환상적인 느낌부터 안겨줄 겁니다. 어린 시절 동화책에서 보던 주인공들의 모험마냥 새로운 친구들을 만나 언덕을 넘고 숲길을 헤치고 파도도 넘나들죠. 이전엔 미처 못해 본 시도를 해 보며 그 시간을 만끽하는 기분을 느끼게 해 줄 겁니다. 내가 누구인지, 좋은 일이 무엇인지 찾아 떠날 수 있다니, 세상에 이보다 더 설레는 일은 또 없어 보입니다. 때로는 길을 잃고 헤매거나, 숲길에서 짐승을 만나거나, 가시덤불에 찔릴 위험도 도처에 도사리고 있지만요.

이미 모험을 떠난 이들 역시 그런 길을 걸어왔고, 걸어가고 있습니다. 그 다양한 삶을 통해 하나 확실하게 말할 수 있는 건, 더 이상 꿈을 향해 가는 길이 오직 한 방향만 있는 것은 아니라는 점입니다. 각자의 성공과 행복을 추구하는 방식이 다양해진 만큼, 여러분에게도 살면서 한번쯤은 모험을 감행해 보아도 괜찮노라고, 아니 꼭 한 번쯤은 그래야 한다고 말하고 싶습니다. 물론 낭만에만 치우쳐 대책 없이 무모하기만 해서도 안 되겠지만, 너무 신중하게만 행동하다간 영원히 아무것도 발견하지 못할 테니까요.

다 빈치도,
슈바이처도, 아르마니도
N잡러였다?

'노벨상 수상자가 무용가나 배우가 될 가능성은 보통 과학자의 22배'라는 주장이 제기되었습니다. 세계적 베스트셀러 『생각의 탄생』의 저자인 로버트·미셸 루트번스타인(Robert·Michele Root-Bernstein) 교수 부부(미국 미시간 주립대)가 세계문화예술교육대회 기조연설에서 밝힌 것인데요. 그들이 노벨상 수상자 510명, 영국왕립협회 회원 1,634명, 미국국립과학원 회원 1,266명 등의 삶을 조사해 본 결과, 역사적으로 보통의 과학자와 비교할 때 노벨상 수상자들이 다른 분야에서도 두각을 드러냈다고 밝혔습니다. 그들이 사진작가가 될 가능성은 2배, 음악가가 될 가능성은 4배 이상이었으며, 미술가가 될 가능성은 17배 이상, 배우·무용가 등 공연가가 될 가능성은 22배였다고요.★

부부는 대표적인 예로 아시아 최초 노벨 문학상 수상의 영광을 안은 『기탄잘리(Gitanjali)』를 쓴 시인 라빈드라나드 타고르 (Rabindranath Tagore)를 꼽았습니다. 그는 조선에 '동방의 등불'이라는 특별한 시를 선물하여 우리에게도 특별한 사람인데요. 시인, 극작가, 동화 작가, 배우, 여행 작가 등 여러 방면에서 두각을 나타냈습니다. 그뿐만 아니라 정식 미술 교육을 받아 본 적이 없음에도 10년간 2,500여 점이나 되는 그림을 남기는가 하면, 300편 가량을 작곡한 음악가이기까지 했습니다.

'노벨상 수상자가 다른 직업인이 될 가능성'에 대한 진위를 정확히 판가름하기는 쉽지 않습니다. 하지만 단편적 지식만 지닌 전문가가 아닌 다양한 분야를 아우르는 상상력과 지식을 갖춘 인재(르네상스형 인간)에 대한 관심이 높아지고 있는 이때 주목해 보아야 할 이야기임에는 분명합니다. 자신의 영역에서 역사적으로 한 획을 그으면서도 다양한 분야를 넘나들며 자신만의 지도를 그려 나간 N잡러들을 소개합니다.

★ '노벨상 수상자가 무용가 될 가능성은 보통 과학자의 22배', 박정호 기자, 중앙일보, 2010.5.22

알베르트 슈바이처(Albert Schweitzer, 1875~1965)

슈바이처는 '아프리카의 성자'로 원시림의 수많은 생명을 구한 의사로 우리에게 잘 알려져 있습니다. 동시에, 생애 시기에 따라 신학자, 철학가, 파이프오르간 연주가, 강연가, 교육자 등 4개 이상의 직업을 가진 영화 같은 인생을 살았습니다. 대학에서는 신학과 철학을 공부했고, 졸업 후에는 파리와 베를린에서 칸트의 종교 철학에 관한 연구로 철학 박사 학위를 취득하고, 후에 철학 교수가 됩니다. 또한 어릴 때부터 음악에 소질을 보였던 그는 파리 유학 시절 파이프오르간 연주가로 활약하였고, 그때 파이프오르간 구조에 대한 논문과 바흐에 대한 저서를 집필하기도 하였습니다.

인류에 봉사하는 삶을 살겠다는 사명감으로 서른일곱 살의 다소 늦은 나이에 의사가 된 그는 아내와 함께 아프리카 밀림 랑바레네로 건너가 열대병 병원을 설치하고 의술을 펼쳤습니다. 바쁜 일정 속에서도 신학과 철학, 음악 연구를 게을리하지 않았습니다. 1차 세계대전 때 프랑스군의 전쟁 포로가 되어 수용소에 감금되어서도 판자를 건반 삼아 연습한 것은 유명한 일화입니다.

'성공의 커다란 비결은 결코 지치지 않는 인간으로 인생을 살아가는 것이다.' 슈바이처가 남긴 이 말은 마음이 움직이는 대로 살

되, 충실히 꾸려온 그의 삶 자체입니다.

조르지오 아르마니(Giorgio Armani, 1934~)

패션계의 대부 아르마니가 이탈리아 명문 의대 출신이었다는 걸 아는 사람은 많지 않습니다. 그는 입대 후 당시 유행하던 독감 때문에 의무실에서 병사들에게 줄이어 주사를 놓다 의사라는 직업이 자신에겐 맞지 않는다고 생각하게 됩니다. 결국 2년 만에 의학 공부를 중단하고 우여곡절 끝에 자신의 진짜 적성을 발견하게 됩니다.

패션 디자이너로의 그의 N잡 모험은, 사실 처음에는 경제적인 이유에서 시작되었습니다. 군 복무 중 밀라노의 백화점에서 상품을 진열하는 일을 시작하게 되고, 이후 지인의 소개로 만난 디자이너 니노 세루티(Nino Cerruti)에게 인정받아 보조 디자이너로 일하게 됩니다.

사실 그의 N잡러로서의 변신은 오히려 패션 디자이너가 되고 난 후 더욱 돋보이는데요. '패션이 아닌 다른 영역에서도 성공할 수 있다는 것을 보여주고 싶다'며 분야를 넘나드는 도전과 열정을 보여주었던 것입니다. 교황청 복음서의 표지를 디자인하는가 하면, 홈 인테리어, 휴대전화, TV, 가전에 이르기까지 자신의 영역을 확장해 사람들의 삶 속에 깊숙이 파고들었습니다.

레오나르도 다 빈치 (Leonardo da Vinci, 1452~1519)

　이보다 더 많은 수식어를 가진 이가 세상에 또 있을까요? 화가·조각가·건축가·토론의 달인·발명가·지질학자·고생물학자·류트 연주가였으며, 자연 현상, 해부학, 기하학, 군사 기술, 육상 등을 탐구하여 역사상 가장 다재다능한 천재로 꼽히는 그는 바로 그 유명한 레오나르도 다 빈치입니다. 보통 어떤 한 분야에서 특출난 재능을 보였던 천재들과는 달리, 그는 다방면에 두각을 드러냈습니다.

　태양 아래 모든 것이 관심사였다고 할 정도로 그의 지적 호기심은 왕성했습니다. 이를 바탕으로 다양한 분야에 대한 경험을 통해 일생에 걸쳐 지식을 쌓은 노력형 천재였습니다. 그는 늘 수첩을 들고 다녔는데, 그가 남긴 To Do List(해야 할 일 목록)를 살펴보면, 주변 사람, 물건에서부터 돌, 달 같은 자연물, '밀라노 인근 지역을 측량할 것', '삼각형의 면적을 구하는 법을 알기 위해 산술학 책을 구할 것', '태양 측량법에 대한 원리를 지인에게 물어볼 것' 등이 적혀 있습니다. 스케치도 수만 점을 남겼는데, 하나의 사물을 다양한 각도에서 바라보며 꼼꼼히 그렸습니다. 주어진 이론보다는 경험을 중

시했던 그는 왕성한 지적 호기심과 실험 정신으로 다양한 분야를 자유롭게 넘나들었습니다. 그림자에 따라 사물이 어떻게 달라지는지 면밀히 관찰하여 미술 작품을 창작하였고, 인물화를 그리기 위해 인간의 신체 구조와 근육 등의 해부학적 지식을 탐구하는가 하면, 해부학을 연구하면서 얻은 지식을 도시 설계에 적용하기도 했습니다.

그는 끝없는 호기심으로 모든 분야에 관심을 가졌으나, 다음 작업에 대한 기대감으로 미완성에 그친 작품들이 많았고, 싫증을 잘 내는 편이었다는 부정적인 평을 듣기도 합니다. 하지만 위대한 천재로 평가받는 다 빈치 역시 알고 보면 그저 평범한 사람이었다는 점은 우리에게 생각할 거리를 줍니다. 의외로 실수와 허점도 많았던 그는 자신의 오류를 발견하면 수정하는 열린 마음을 가졌고, 누군가는 당연하게 생각했을 사소한 일상의 일들을 면밀히 관찰하여 메모광이라 불릴 정도로 평생 그의 다양한 관심사를 탐구해 기록했습니다.

자신의 한계를 극복하고 무한한 가능성을 그려 나갔던 그의 삶을 통해 '우리가 스스로를 규정 짓지 않는 한, 우리 삶의 가능성도 무한히 넓어질 것'이라는 점을 기억해야 할 것입니다.

오늘날 다방면에서 활약하고 있는 사람들은 어떤 모습일까요? 이해를 돕기 위해 대중에 잘 알려진 스타들의 예를 들어볼까요? 이제는 가수가 노래만 하거나, 배우가 연기만 하지 않습니다. 본업 외에 유튜버, 영화감독, 예능인, 작가, 작곡가, 지휘자, 디자이너, DJ, 영어 강사, 화가, 플로리스트, 복싱 선수 등 다방면에서 두루 활약하며 두 마리 이상의 토끼를 잡고 있는 'N잡 스타'들을 발견하는 건 그리 어렵지 않습니다. 이런 스타들이 많은 이유는 타 직업군에 비해 한 가지 길만 걷기에는 미래가 불안한 연예인의 직업 특성 때문이기도 하지만, 재능과 경험을 살려 자기완성의 길로 나아가고자 함이 클 것입니다.

대표적인 N잡러로 꼽히는 배우 H는 다수의 영화에서 연기력을 인정받으며 찬사를 얻는 데 그치지 않고, 감독이자 제작자로도 도전 중입니다. 직접 연출과 주연, 각본을 맡아 영화를 제작하기도 했습니다. 영화 포스터까지 직접 그릴만큼 손재주 또한 좋은 것으로 정평이 나 있습니다. 그는 화가로서도 이름을 알리고 있는데 바쁜 활동 중에도 꾸준히 개인전을 열어 왔고 그의 작품이 경매장에서 1,000만 원이 넘는 고가에 판매되어 화제가 되기도 했습니다. 그뿐만 아니라, 자신의 인생 이야기를 담은 2권의 에세이집을 출간해 작가로도 활약하고 있습니다.

개그맨 K는 어린 시절 성악가의 표정을 익살스럽게 흉내 내며

'오, 솔레미오'를 부르고, 젓가락을 들고 클래식에 맞춰 지휘하며 친구들을 웃기기 일쑤였습니다. 그런 그가 '유쾌한 오케스트라' 단장을 맡게 된 것은 중학생 시절 영화 〈아마데우스〉를 보고 전율을 느꼈던 것에서 시작되었습니다. 그저 웃기려고 연주자를 따라 하던 것에서 시작된 그의 관심은 클래식 공부로 이어졌고, 한 라디오 프로그램에서 '어설픈 클래식'이라는 코너를 맡아 진행하기도 했습니다. 그러다 뜻밖에도 클래식 음악회에서 해설하면서 관객 앞에서 지휘해 보라는 제안을 받았습니다.

제법 능숙한 솜씨에 관객들의 호응이 좋았고, 그는 사람들이 클래식을 즐겁게 누리게 하자는 마음으로 오케스트라를 창단하고, 지휘 퍼포머(performer)라는 이름으로 활발하게 활동 중입니다. 클래식 비전공자 오케스트라를 만들어 연주자를 직접 뽑는다고 하니 전공자들과 클래식 애호가들로부터 '개그맨이 음악을 웃음의 도구로 사용할 것'이라는 비판을 받기도 했습니다. 방송 활동과 전국 클래식 공연, 해설 강연을 병행하고 있는 그는 좀 더 실력을 더 쌓아 클래식 개그에도 도전할 계획이라고 합니다. 수입은 반이나 줄었지만 좋아하는 일을 하며 관객을 행복하게 하는 일을 하는 그의 N잡 대모험은 현재 진행형입니다.

대학 가면
다 할 수 있다?

졸업증보다 중요한 것

자신이 원하는 일을 하려면 꼭 완벽한 스펙을 쌓고 난 후에나 가능한 걸까요? 대학교에 진학하여 희망하는 일에 가까운 전공을 택해 4년 이상 투자하여 졸업장을 거머쥐면 우리는 좀 더 완벽해질까요? 이 질문에 대한 답을 찾기 위해 한 청년의 이야기를 들려드립니다.

평범한 공대생이었던 남현범 씨는 평소 패션과 사진에 관심이 많았습니다. 전문적으로 배워본 적은 없었지만요. 그러던 그가 지금은 전 세계 패션계의 뜨거운 러브콜을 받는 '스트리트 패션 사진작가'로 성공했는데요. 흔히 많은 돈을 들여 공부해야 하는 분야로 알려진 예술 영역, 그중에서도 특히 쉽게 접근할 수 없는 사진 전공 근처에도 가 본 적 없는 그가 어떻게 이렇게 성공할 수 있었을까요?

뜻밖에도 그는 자신의 비결로 '오히려 정식으로 사진을 배우지 않았던 것'을 꼽았습니다. 현범 씨는 뉴욕에서 어학연수를 하던 중 눈길을 끄는 패션 피플의 길거리 사진을 자기 스타일로 찍어 보기 시작했습니다. 반려동물과 함께 걸어가는 사람, 길거리에서 춤추는 멋쟁이 노신사, 자전거 뒷자리에 탄 패셔너블한 여인 등 유행에 휘둘리지 않고 가장 나답게 자신을 표현하며 살아가는 이들의 당당한 삶을 자연스럽고 생동감 있게 담아냈습니다. 이후에도 국내외에서 촬영한 사진을 자신의 블로그에 올렸습니다. 이 사진들은 일반 대중은 물론 패션계에 종사하는 이들에게도 큰 호응을 얻었습니다. 그도 그럴 것이 기존 패션계에서는 모델을 비슷한 포즈로 세워 놓고 전신을 촬영하는 방식에만 다들 익숙해져 있었는데, 현범 씨의 작품은 그 고정 관념을 완전히 깨고 그만의 역동적인 스타일을 담고 있었기 때문입니다. 많은 평론가들은 평범한 일상 속에서 결정적 순간을 포착해 렌즈에 담아내는 그의 재기 넘치는 아이디어와 순발력에 찬사를 보냅니다.

살면서 모든 상황이 완벽해질 때는 사실 많지 않습니다. 대학에 가고 스펙을 갖추고, 상황이 만들어진 후에야 자신이 원하는 일을 할 수 있다고 믿는 사람들이 많습니다. 하지만 의외로 현범 씨처럼 대학 졸업증에 연연하기보다는 하고 싶은 일에 바로 뛰어드는 실행력이 뒷받침될 때 좋은 결과를 얻기도 합니다. 이후에 정말 더 공부하고 싶을 때 대학에 가 전문적인 이론을 공부하는 것이 어쩌면 가장 이상적인 방법일 수 있습니다.

물론 현범 씨의 성공 이면에는 학위나 격식에 얽매이기보다는 개성과 실력을 더욱 중시하는 등 사회 분위기가 달라져 가고 있고, 그것이 그에게 좋은 운으로 작용했던 것도 무시할 수 없겠죠. 하지만 찾아보면 이런 사례들이 패션계뿐만 아니라 다른 분야에도 적지 않다는 것에 주목할 필요가 있습니다. 글을 쓰려면 대학교 문예창작학과, 사진을 찍으려면 사진학과, 꼭 그렇게 해야 한다는 공식은 정해져 있지 않습니다.

잘 모르겠다면 우선 작은 행동부터 시작!

책상머리에서 백날 고민만 하는 것보다는 현장에서 스스로 온몸으로 부딪히면서 터득한 노하우가 빛을 발하는 경우가 많습니다. 초등학생 때부터 장래 희망을 '패션 디자이너'나 '사진 작가'로 꼽는 친구들이 있다고 가정해 봅시다. 그 분야에서 최고의 명성을 지닌 대학이나 학과에 대해 조사해 보고, 책상머리에 그 학교의 이름을 크게 써 붙여 놓고 입시 준비만 하고 있는 친구들이 대다수일 것입니다. 꿈도 일관되고 목표도 설정한 것처럼 보입니다. 하지만 면밀히 살펴보면 패션이나 사진과 관련해 실천한 것이 없습니다. 그 상태가 지속된다면 몇 년이 지나도 크게 진전된 바가 없을 것입니다.

완벽하진 않더라도 어릴 때부터 그 분야에 대한 자신의 열정을 보여줄 수 있는 다양한 활동과 개성 있는 작품들을 블로그와 홈페이지에 꾸준히 기록하는 친구가 있다면, 그 과정 자체로 열정과 실력을 증명할 수 있습니다. 처음부터 멋진 홈페이지를 완벽하게 만들어 포트폴리오를 완성하겠다는 목표보다는, 자신의 블로그나 SNS 계정에 사진 한 장 올리는 것으로 시작할 수 있습니다. 하고 싶은 일과 관련해 비교적 성공 확률이 높은, 만만한 일부터 실천해 보세요. 현범 씨가 무작정 자신이 갖고 있던 카메라를 들고 길거리로 나가 셔터를 눌러 보았던 것처럼요.

사소한 실천이 하나의 점이 되어 또 다른 가능성을 열어줄 것입니다. 좋은 스승을 만날 수도 있고, 작품에 반한 동료와의 협업으로 재미있는 프로젝트로 이어질 수도 있고, 일하게 될 회사나 클라이언트(의뢰인)와의 연을 이어줄지도 모를 일이죠. 그리고 그런 이들이 하나둘 늘어날 때에 우리 사회도 조금은 더 다양한 선택을 존중하는 길로 나아가지 않을까요?

생각이 바뀌면 행동이 바뀌고, 행동이 바뀌면 습관이 바뀌고, 습관이 바뀌면 인생이 달라진다고 합니다. '명문대를 나와야만 좋은 직장을 가질 수 있어.'라는 생각을 하는 사람이 있다면, 스스로 '좋은 대학의 기준'은 무엇인지 우선 질문을 던져 보았으면 합니다. 사실 성공한 사람들이 모두 좋은 대학을 나온 것은 아니니, 조금 다른 생각을 해 보면 어떨까요? '좋은 대학을 나오면 좋은 점도 많겠지만, 그렇지 못해도 내 방식대로 열심히 노력할 거야.'라고요. 대학교에 진학하여 졸업증을 거머쥐고, 완벽한 스펙을 쌓고 난 후에나 하고 싶은 일을 할 수 있는 건 아니니까요.

한 우물을 깊고, 또 넓게 파면 생기는 일

옛 속담에 '우물을 파도 한 우물만 파라'는 말이 있습니다. 하지만 요즘은 이에 대한 반론이 많습니다. 예전처럼 한 직장에 진득하게 오래 다니거나 한 가지 일만 한다고 해서 때가 되면 저절로 숙련된 전문가가 되는 것이 아니기 때문입니다. 오히려 요즘은 한 우물만 파다가는 변화에 유연하게 대응하지 못하고 하나밖에 모르는 바보가 되기 쉽다는 말도 종종 들립니다. 사실 한 우물만 파다 보면 그 안에 함몰되어 다른 세계는 보지 못하는 경우가 많습니다. 자신의 세계에만 갇혀 자신의 한계에 부딪히는 거죠. 세상은 점차 학문이나 영역 간 경계를 뛰어넘어 다양한 시각으로 현상을 이해하고 자신만의 해석으로 소화해낼 수 있는 능력을 갖춘 사람을 찾고 있습니다. 동시에 다른 분야의 전문가와도 널리 소통하고 협력할 것을 요구하고 있습니다.

어느 강의에서 한 철학자가 평생 한 우물만 파 법률 전문가가 된 이들을 예시로 이야기했는데 깊이 공감한 적이 있습니다. 그는 법대를 나와 법전만 끼고 산 이들이 정작 사람들의 실제 삶과는 동떨어진 판결을 내놓는 경우가 적지 않다고 했습니다. 듣고 보니 과연 그러했습니다. 그런 이들이 판검사가 되면 사회적 맥락에 맞지 않고 정서에 부합하지 않는 구형과 판결을 내리는 경우가 종종 있는데요. 예를 들면 폐지를 줍다가 실수로 남의 물건까지 실수로 가져온 노인에게 사회적 약자에 대한 정상 참작 없이 법리만 따져 절도죄 형량을 내리는 경우처럼요. 법률적 지식에는 해박할지 몰라도, 약자의 입장을 이해하고 공감하여 마음을 어루만져 주지는 못하는 것입니다. 이것이 바로 한 우물만 파다가 그 안에 함몰되어 다른 세계는 보지 못한 격입니다.

사회가 다변화되어 여러 분야에서 별의별 일들이 다 벌어지다 보니 법조인이 그저 법만 알아서는 안 되는 것도 엄연한 현실입니다. 법적 지식 중에서도 각자 전문으로 다루는 분야가 세분화되어 있는데 교사 출신 변호사, 의사 출신 변호사, 변리사 자격을 가진 변호사 등 전직 경험을 백분 발휘하는가 하면 스포츠, 건축, 금융, 교통사고, 저작권, 특허, 엔터테인먼트 등 세분화된 전공을 특기로 가진 법조인들이 늘어나고 있습니다.

이는 법조계뿐 아니라 다른 분야도 마찬가지입니다. 이는 이제는 한 가지 전문 분야만 파는 것보다 분야를 가리지 않고 폭넓게 볼 줄 알고 다양한 분야에서 활약하는 것을 장점으로 여기는 사회 풍토를 반영한 것입니다. 하지만 그렇다고 해서 본업이 중요하지 않다는 뜻은 결코 아닙니다. 한 우물을 깊이 팜과 동시에 또 넓게 파면서 다른 우물과 연결 지을 수 있는 사람들이 인정받는 것이지요. 어찌 보면 2가지 과제가 동시에 주어진 셈이어서 더 어려워졌다고 볼 수 있습니다. 대표적인 예로, 요리 연구가 백종원 씨는 요리라는 기본기에 충실하면서 그것을 바탕으로 하여 사업가, 방송인, 광고 모델, 작가, 컨설팅까지 여러 영역을 넘나드는 활동을 보여 줍니다.

💬

기본기를 바탕으로 충실히,
나의 진가를 발휘할 수 있도록

한 가지도 제대로 하기 어려운데, '한 우물을 좀 더 깊고 넓게 파 보라'는 주문은 다소 버거울 수 있습니다. 수년간 한 가지를 연마

해 달인이라 불릴 만큼의 내공을 자랑하는 경지에 오른 이들은 그 수준에 이르기까지의 다른 어떤 모험보다 훨씬 많이 노력하고 전문 지식을 공부했을 것입니다. 그 과정은 너무나 힘들겠지만 한 번 궤도에 들어서면 본업에서의 안정성을 바탕으로 자신의 영역을 무한하게 확장해 나갈 수 있다는 장점이 있습니다. 기본기에 충실한 사람은 어떤 환경에서도 그 진가를 발휘할 수 있을 테니까요.

한 운동화 달인이 떠오릅니다. 그는 30대의 젊은 나이임에도, 오랫동안 연구한 자신만의 복원 레시피를 갖고 있습니다. 상처 나고 망가진 어떤 운동화라도 마법같이 새것처럼 돌려놓아 운동화 마니아들로부터 마치 신의 손과 같다는 극찬을 듣습니다. 하얗게 변색된 검은색 스웨이드 운동화마저 두부와 말린 가지라는 생각지도 못한 천연 재료를 이용해 선명하게 복원함으로써 보는 이들의 혀를 내두르게 합니다. 전문 업체나 브랜드, 해외에서까지 물밀 듯이 요청이 들어온다니 한 우물을 깊이 제대로 판 시간과 노력의 결실이라고 볼 수 있습니다. 게다가 그는 운동화를 복원하는 것에서 멈추지 않고, 자신만의 천연 재료를 직접 개발하여 운동화에 그림과 가죽을 덧대 한 사람만을 위한 개성 있는 운동화를 만들어 주는 커스텀(맞춤) 기술 실력까지 갖추었습니다. 그 과정을 인터넷 방송으로 공개하여 자신의 영역을 끊임없이 확장해왔습니다.

이렇게 한 우물을 깊게 파며 동시에 자신의 범위를 계속 넓혀나가며 일하는 사람들의 폭넓은 관점은 자기 자신은 물론, 세상을 변화시키는 데에도 큰 역할을 합니다. 운동화 달인은 어린 시절 너무나 신발을 갖고 싶었지만 돈이 없어서 용돈을 모으고 또 모아 중고 신발을 산 뒤에 수선하며 공부한 끝에 지금의 실력을 쌓을 수 있었다고 합니다. 그래서인지 그는 아직도 어렵게 자라 온 자신의 어린 시절을 잊지 않고, 고객이 보내는 운동화는 그저 단순한 신발이 아니라 말합니다. '각자의 사연이 깃들어 있기에 자신의 일은 그들의 소중한 추억과 시간을 복원하는 일'이라고요.

한 우물에만 갇혀 기술만 있을 뿐 공감 능력이나 융통성은 부족한 사람, 이것저것 손대기는 하는데 어느 하나에도 전문성은 없는 사람은 많습니다. 이렇게 '한 우물을 깊고 넓게 파는 것', 결코 쉽지 않은 일입니다. 하지만 적어도 우리가 나아가려고 노력해야 할 방향은 바로 그런 것이지 않을까요?

산만해라,
딴짓해라,
N잡해라.

초등학교 2학년 때의 일입니다. 짝꿍 현우는 형형색색 온갖 지우개를 다 갖고 있는 지우개 부자였습니다. 죄다 반 아이들에게 딴 거였죠. 평소 별명을 부르며 놀리던 짓궂은 짝에게 약이 바짝 올라있던 저는 어떻게 하면 현우를 제대로 이겨 볼 수 있을까 궁리했습니다. 제 머릿속에는 온통 지우개 싸움뿐이었습니다. 어떤 지우개를 써야 싸움에 유리한지 알아보고, 한 번에 완전히 상대의 지우개를 타고 올라가 KO 시킬 특급 비법을 전수받기도 하고, 살짝이라도 걸쳐 현우의 지우개 위에 얹고야 말겠다는 필사의 의지로 다양한 경우의 수에 대비한 가상 실전 연습도 숱하게 했죠.

쉬는 시간, 수업 시간 할 것 없이 지우개 싸움에 푹 빠져있던 저에게 결전의 날이 다가왔습니다. 지우개 선택도 탁월했고 그간의 노하우가 쌓였던지 그날의 경기 흐름은 순탄했기에 행운의 여신은 저를 향해 웃음 짓는 듯했습니다. 새로운 지우개 영웅의 탄생을 코앞에 둔 바로 그 순간. "다은아, 재밌니?" 어느샌가 곁으로 다가온 담임 선생님이 우리의 지우개를 모조리 다 압수하시는 것으로 결판은 싱겁게 끝나고야 말았습니다. 하지만 그 일은 아직도 생생한 제 기억 속의 딴짓입니다.

그런 경험이 없었다면 초등학교 교사가 되어서 세상에서 노는 게 그저 제일 좋은 초등학생들의 마음을 알기는 어려웠을 것이라고 생각합니다. 또 그 문제의 지우개 싸움이 공기놀이, 팔씨름과 더불어 교실에서 아이들과 함께 할 수 있는 즐거운 고전 놀이가 되었으니, 딴짓이 제게 준 작은 선물이라고도 볼 수 있습니다.

이제는 '딴짓' 권하는 시대

그러고 보면 우리는 어릴 때부터 '딴짓하지 말라'는 말을 참 많이 듣고 자라 왔습니다. 하지만 모험에서 '딴짓'은 결코 빼놓고 이야기

할 수 없습니다. 모험 자체가 정해져 있는 궤도를 벗어나 하는 일을 뜻하기 때문이죠. 한발 더 나아가, '딴짓'은 이제 단순한 취미나 잉여 활동을 뛰어넘어 하나의 라이프스타일, 삶의 방식이 될 수도 있습니다.

제가 아는 한 지인은 딴짓 예찬론자입니다. 외국계 회사에서 마케터로 일하는 평범한 직장인이었던 그는 요즘 딴짓을 하며 자신만의 길을 새롭게 만드는 N잡 모험 시작 단계에 있습니다. 평소엔 본업에 충실하고 퇴근 후에는 인터넷 사이트에서 여행 플래너로, 주말에는 웹소설가로 활동하고 여행 에세이 출간도 준비하고 있습니다. 이렇게 평소엔 본업에 충실하면서 자신이 좋아하는 일을 하면 생활의 활력이 생길 뿐만 아니라, 일(Work)과 생활(Life)을 균형있게 유지하는, 일명 워라밸을 챙길 수도 있습니다. 운이 따른다면 그 취미가 다시 일이 되는 기쁨을 누릴 수도 있습니다.

누군가는 그것으로 인해 인생이 바뀔 수도 있고요. 일례로 글로벌 가수 싸이가 한 인터뷰에서 '산만해라, 잡생각, 딴생각 해라'라고 말한 것이 화제가 되었는데요. 어릴 때부터 그가 늘 듣던 말은 정반대였기 때문이죠. '산만하다. 딴생각하지 마. 잡생각하지 마.' 하지만 매일같이 멋 부리느라 무스로 앞머리를 세우고, 오락부장, 응원단장을 도맡아 자신도, 친구들도 즐겁게 하는 그 딴짓들이 지금은 창작의 모든 자양분이 되었다고 말합니다.

그러고 보면 요즘처럼 딴짓의 중요성이 강조된 때도 없었습니다. 한 예로 창의적인 인재를 필요로 하는 한 웹툰 기업의 채용 공고에 이런 내용이 있어 화제가 되었습니다. 업무 외의 것들, 예를 들면 자전거 타기, 레고 조립하기, 다트 던지기, 식도락 등 온갖 종류의 덕질에 심각하게 빠져 있는 사람을 찾는다는 내용이었습니다. 심지어 딴짓 잘하는 사람을 외국어 점수나 능력보다 더 우대한다고 밝히기도 했는데요. 예전과는 달리 딴짓 잘하는 것을 자신의 관심사를 적극적으로 계발하는 열정 있고 창의적인 사람으로 생각하는 분위기가 형성되었기 때문입니다. 원하건, 원하지 않건 '평생직장'은 찾아보기 힘들어졌고 투잡조차 이제는 옛말일 정도로 세상은 빠르게 변하고 있습니다. 사람들은 일생에 걸쳐 여러 번 직업을 바꾸며 살아가고 있어 삶의 모습도, 속도도 제각각 다양한 시대가 되었습니다. 이런 세상에서 '딴짓'은 관심사를 표현하고, 새로운 가능성을 발견할 수 있는 중요한 하나의 방법이라고 볼 수 있습니다.

사소한 경험들이 쌓여 커리어가 된다

'나는 잘하는 게 없어'라고 생각하는 사람도 사람들의 재능을 사고파는 재능 공유 사이트를 한 번 둘러보고 나면, 재능의 범위가 평소 생각했던 것보다 훨씬 넓다는 걸 알 수 있습니다. 법률, 디자인, 번역, 프로그래밍 등의 전문 분야뿐만 아니라, '연애 상담 및 조언', '그림일기 잘 그리는 법 알려 주기', '하나뿐인 나만의 주얼리 만들기', '노래 잘하는 법 레슨', '가구 대신 조립해 주기' 등도 이목을 끕니다. 사소한 재능이거나 '헛짓', '딴짓'이라 치부되어 왔던 것들조차도 커리어가 되는 시대입니다.

삶을 변화시키는 것은 처음부터 대단한 무언가가 아닐지도 모릅니다. 심지어 지우개 싸움조차도요. 일상 속 작고 사소한 경험들이 하나둘 쌓이고 또 쌓여서 나중에는 자신만의 새로운 길을 만들어 가게 할 수 있습니다. 그동안 별로 대수롭지 않게 여겼던 일상을 낯설게 바라보고 새로운 시도를 해 보는 것부터 N잡 대모험은 시작될 수 있습니다.

나만의 관심사를 확장, 발전시키는 '기획 탐구법'

『마당을 나온 암탉』이라는 동화에서 주인공 잎싹이는 좁디좁은 빡빡한 양계장에서 매일 알을 낳아 철망에 굴려 보내야 합니다. 향기 나는 아카시아를 보며 그 잎이 피고 지는 안 마당을 동경하면서도 그저 훗날을 기약하며 기다릴 수밖에 없는 처지에 있는데요. 그 모습이 꼭 우리나라 10대들의 모습처럼 느껴집니다. 젊음 하나만으로도 반짝반짝 빛나야 할 10대의 시기를 입시 관문을 통과하기 위해 무의미하게 소진하게 하는 우리의 교육 현실은 개개인의 인생을 보아서는 물론, 사회적으로도 안타까운 일입니다.

고등학교 3학년 때 쓴 저의 일기장에는 그 시절을 '회색빛 콘크리트 속 죽어 있는 꿈의 유예 시간'이라 기록하고 있습니다. '대학 가면 다 할 수 있다.'라는 어른들의 말에 공부 외에는 아무것도 하지 못한 채 묶여 있던 시간에 대한 아쉬움이었는데요. 그때 조금만 용기를 내어도 좋았겠다고 생각하면서 아직도 후회할 때가 있습니다. 그나마 당시 조금이나마 숨통이 트였던 시간은 학교 축제 때 학생회 친구들과 일일 꽃집을 열어 꽃다발을 팔았던 일 정도였는데, 그 반짝이던 때에 그런 경험들을 스스로 더 일찍 찾아 나섰다면, 지금과는 또 다른 삶을 살고 있지 않을까 생각해 봅니다.

실제로 친구 중에 대학은 가지 않았지만, 당시 붐을 일으켰던 온라인 의류 쇼핑몰을 열어 대박이 난 친구도 있었고, 노트 필기를 잘해 출판사와 계약까지 따낸 친구, 스케치북에 끄적거리며 그려둔 그림 낙서들로 웹툰을 연재하기 시작한 친구, 학교 동아리 방송반 활동 경험을 살려 지역 방송국 아나운서가 된 친구, 어릴 때부터 돈을 조금씩 모아 좋아하던 제과 제빵을 공부하러 졸업하자마자 일본으로 떠난 친구도 있었으니까요.

인생에 정답은 정해져 있지 않다는 것을 다들 알면서도 용기를 내는 건 쉽지가 않습니다. 저의 학창 시절보다는 선택지가 조금은 더 넓어졌을 수 있지만, 여전히 남들과 완전히 다른 길을 택하기에는 많은 용기가 필요함을 너무도 잘 압니다. 그럼에도 이렇게 말하고 싶습니다. 더 이상 소중한 10대를 유예하고 싶지 않다면, 대학에 안 가고도 살 방법에 대해서도 연구해 볼 필요가 있습니다. 대학 등록금이나 지도 교수에 이끌려 살아가는 방법 말고, 스스로 무언가를 어떻게 일구어 볼 수 있을지 끊임없이 일상 속에서 찾아 보세요. 그리고 크고 작게 끊임없이 실험해 보는 겁니다. 그것이 무르익을 때쯤이면 대학 졸업장보다 더 가치 있고 중요한 자신만의 답안지를 가질 수 있습니다.

그 과정에서 좌충우돌하며 불완전한 나의 모습도 충분히 사랑스럽고 아름답습니다. 자신이 결정한 일이 만족스럽지 못하더라도, 실패를 경험한다 하더라도 무언가를 시도해 보았다는 그 자체만으로도 박수받아 마땅합니다. 매일같이 다람쥐 쳇바퀴 돌듯 반복되는 일상 속 등하굣길에서, 잠들기 10분 전, 주말 30분. 자신만의 시간과 장소에서 자신만의 기회를 만들어 보는 겁니다. 졸업증보다 훨씬 가치 있을 보물을 발견하게 될 것입니다.

자신의 결정에 따라 인생의 첫 단추를 끼워 본 경험을 해 본 사람들이 공통으로 하는 이야기가 있습니다. 당장 기대한 만큼 결실을 맺지는 못한다고 하더라도 다음 단계로 나아가는 데 있어 자신감을 준다는 것이었습니다. 그리고 그 작은 성공의 경험들은 또다시 더 딤돌이 되어 다음 N잡으로도 연결될 가능성이 커집니다.

스무 살 이후에나 처음 그런 시도를 시작할 수 있었던 저는 온라인 공간을 백분 활용했습니다. 당시만 해도 개인 SNS가 갓 보급되었던 때였는데, 저만의 공간을 가질 수 있어서 무척 설렜던 기억이 납니다. 우선, 게시판에는 관심사를 목록별로 비공개로 만들어 두었습니다. 저 같은 경우에는 관심을 두고 있던 키워드, 교육 영화, 음악, 읽고 싶은 책, 진로, 외교관, 아나운서, MC, 요리 등에 대한 폴더로 나누었던 거죠.

보통 음악이나 영화를 좋아하다 누군가의 팬이 되어 그의 전 작품들에 대해 관심을 갖거나, 그 아티스트가 영향을 받았던 이들에 대해 관심을 두게 되는 식으로 범위가 확장되는 경험을 한번쯤은 해 보았을 겁니다. 그와 비슷한 방식으로 저 또한 관심사를 확장, 발전시켜나갔습니다.

'교육 영화'에 대해 관심을 두게 되었던 때에 영화 〈지상의 별처럼〉에 매료되어 '아미르 칸'이라는 인도의 국민 배우이자 감독의 작품에 관심을 갖게 되었습니다. 영화 주인공이 앓고 있는 '난독증'에 대해서도 공부하게 되고, 우리와 닮은 점이 많다는 '인도 교육'에 대해 공부해 보게 되고, 인도의 명문 공대생들의 이야기를 다룬 또 다른 작품인 〈세 얼간이〉를 보며 이 문제가 한 학교만이 아닌 커다란 사회 구조의 문제라는 것을 깨닫게 되었습니다. 이것이 비단 한국 사회만이 아닌, 더 나아가 전 지구적인 문제임을 알고 '세계의 교수법'은 어떤지, '미래 지향적인 교육의 방향성'에 대한 고민에까지 도달하게 되었습니다. 공부의 범위가 점점 넓어진 것이죠.

10대, '나를 나이게 하는 것'을 찾는 시간

이러한 방식은 학생들을 지도할 때에도 많은 도움이 되었는데, 관심사를 확장 발전시켜 나가는 이 방식을 '기획 탐구법'이라고 이름 붙여 보았습니다. 예를 들자면 초등학교 5학년이었던 한 남학생은 아프리카의 실상을 보여 주는 다큐멘터리를 보고 마음이 아팠다고 합니다. 그리고 마침 학교 사회 수업을 통해 배운 '적정 기술'과 그 대표적인 사례인 '큐 드럼(Q Drum)'과 '생명 빨대(life straw)'에 대해 배운 것이 떠올랐다고 했습니다. 큐 드럼은 함께 굴리며 놀이할 수 있게 만들어진 도넛 모양의 큰 드럼통인데, 식수가 부족해 몇 시간씩 물동이를 지고 물을 길어 나서는 아이들을 돕기 위해 만들어진 것이었습니다. 생명 빨대는 오염된 물을 정수해 먹을 수 있게 해 주는 휴대용 빨대입니다. 이처럼 쉽고 간단한 원리로 아프리카 아이들에게 도움이 되는 일을 해 볼 수는 없을까 생각한 그 친구는 주말마다 도서관에서 적정 기술에 대한 공부를 시작했습니다.

동시에 아프리카 아이들을 위한 '후원'도 시작하게 되었습니다.

그림 솜씨가 좋았던 아이는 적정 기술(Appropriate Technology)★에 대한 만화를 그려 반 아이들에게 자신이 공부한 내용을 알려 주기도 했습니다.

2학년 때 담임을 맡았던 한 여학생은 저의 지도대로 관심을 두고 있던 '꿈씨앗'을 아기자기하게 하나씩 노트에 그려 나갔습니다. 그림, 글쓰기, 향수, 한의원, 발레, 선생님, 모델 등 여느 또래와 마찬가지로 그때그때 관심사는 바뀌었지만 꼭 하나 이상씩 실천을 하고 포트폴리오를 가꾸어 가기 시작했습니다. 그 노력이 대견하여 지인인 아이패드 화가 선생님을 아이에게 소개했고, 여름 방학 동안 열심히 연습한 아이는 서울시립미술관에서 열리는 〈디지털 그림 전시회〉에 당당히 작품을 출품했습니다. 실제로 글로벌 IT기업의 CF 모델로도 활동하게 되었고, 지금은 예술 중학교에 진학하여 음악 연극과에서 꿈을 키워 가고 있습니다.

그림 그리기에 소질이 있었던 한 중학생은 여름 방학에 게임 캐릭터 공모전에 참여하게 됩니다. 영어로 된 프로그램을 이해하기 위해 밤새워 영어 번역에 몰두하다 보니 1주일이라는 시간이 걸렸답니다. 끈질긴 노력 끝에 수천 명이 응시한 대회에서 10위 안에 드

★ 주로 개발도상국 지역의 삶의 질 향상과 빈곤 퇴치 등을 위해 적용되는 기술

는 성과를 냈습니다. 어릴 때부터 그림뿐 아니라 기계 조립이나 실험, 만들기에서 두각을 드러냈던 경험을 바탕으로 자동차 디자이너를 꿈꾸게 되어 실제 미대에 진학했습니다. 졸업 후에는 학비 부담이 적은 독일로 유학을 떠날 계획을 갖고, 향후 미술 학교를 설립하여 교육자가 되고 싶다는 포부도 갖게 되었습니다.

이렇게 남들의 기준에 따르기보다 '나를 나이게 하는 것들'을 최대한 많이 찾아 직접 부딪혀 볼 수 있는 인생 최적의 시간이 10대일 것입니다. 비록 돈이나 경험은 충분하지 않더라도, 아이디어들을 시도하고 모험해 보기에 (상대적으로 잃을 것이 없는) 10대는 가장 이상적인 시기니까요. 실제로 세계의 많은 예술가, 과학자, 기업가 등 많은 이들이 어린 시절 받은 영감이나 경험을 바탕으로 기초적인 아이디어를 구상하거나, 자신의 분야에서 일찍이 두각을 드러내기도 합니다. 처음부터 성공적이진 않더라도 10대의 경험들이 훗날의 토대를 만들어 주기도 하니, 대학 졸업증 이상으로 가치 있는 것이 무엇인지 찾기 위한 여러분만의 멋진 모험을 시작할 수 있었으면 합니다.

사랑하는 일을 하라,
하고 있는 일을 사랑하라

Do what you love,
Love what you do.

진로와 관련된 수많은 책에 빠지지 않고 나오는 말이 '좋아하는 일을 하라'입니다. 미디어에선 '하고 싶은 일'을 택해서 성공한 사람들의 이야기가 가득합니다. 한 편의 드라마 같은 그들의 이야기를 듣고 있자면, 언젠가 나에게도 그런 날이 오면 좋겠다는 바람이 생깁니다. 그러다 마음 한편에는 '나는 지금 뭘 하며 살고 있나?', '지금 눈앞에 해야 하는 일을 하고 싶지 않다.'는 마음이 스멀스멀 기어 올라옵니다. 좋아하는 일을 하는 것, 너무나 달콤한 말이지만 그렇게 할 수만 있다면야 누구나 자기 일에 만족하고 행복한 삶을 살고 있겠죠. 하지만 현실에선 자신이 무엇을 좋아하는지조차 알지 못하는 경우가 훨씬 더 많습니다.

'언제나 좋은 일이란 존재하는가?'라는 주제로 한 진로 선생님과 대화를 나눈 적이 있습니다. 완전히 좋기만 한 일을 찾는다는 건 결코 쉽지 않다고 우리는 입을 모았습니다. 어떤 부분에선 끌리지만 조건은 별로인 일, 좋아하는 일이지만 너무나 하기 싫은 부분의 비중이 큰일, 처음엔 좋은 줄 알았는데 싫증 난 일, 경제적인 면에서 만족스럽지 않은 일 등 '좋아하는 일'이라는 분류 안에도 너무나 많은 상황이 존재할 수 있습니다. 우리는 '좋아하는 일'에 대해 주변에서 흔히 듣게 되는 몇 가지 질문과 그에 대한 생각들을 정리해 보았습니다.

좋아하는 일을 발견하기만 하면, 매일 꽃길을 걷게 될까?

TV에 나오는 유명 셰프의 현란한 솜씨에 반해 요리를 시작한 누군가가 있다면, 시작하는 날부터 후회가 이어질 것입니다. 매운 양파를 까며 눈물을 닦아내야 하고, 서툰 칼질에 손을 베어 손가락이 성한 날이 없을 테니까요. 드디어 좋아하는 일을 발견했다며 좋아했다가, 이내 나는 이 일을 좋아하지 않았던 것 같다며 단박에 그만

둘지도 모릅니다.

한 유명 강사가 '세상에서 가장 좋아하는 일이 무대에서 강연을 통해 사람들과 소통하는 일이지만, 동시에 가장 싫은 일이 그 강의를 준비하는 일'이라고 말한 적 있습니다. 그만큼 창작의 고통으로 인해 힘든 시간을 수없이 인고하고 난 후에야 그 성취의 기쁨 또한 맛볼 수 있으니까요. 아무리 좋아하는 일을 발견했다 하더라도 분명 견뎌내야 할 요소들도 많다는 것을 기억할 필요가 있습니다.

좋아하는 일이 있으면, 그것만 잘하면 될까?

"나는 음악을 좋아하니 다른 공부는 안 해도 돼", "나는 물리학자가 될 거니 물리랑 수학만 할 거야." 10대들로부터 이런 이야기를 심심치 않게 듣습니다. '좋아하지 않는 일이니 이건 안 할래'로 성급하게 결론짓기보다는 앞서 강조한 것처럼 한 우물을 깊이, 동시에 또 넓게 파면서 다른 우물과 연결 지을 수 있는 태도가 필요합니다.

건축가 믹 피어스(Mick Pierce)는 아프리카 짐바브웨 수도에 에어컨 없는 쇼핑 센터를 만들어 달라는 주문을 받습니다. 그는 세계 최초의 자연 냉방 건물을 세워 한여름 대낮에도 쇼핑 센터를 24도 안팎의 온도로 유지하는 데에 성공합니다. 그는 뜻밖에도 TV 다큐멘터리 나온 '흰개미집'에서 아이디어를 얻었는데, 아프리카 흰개미가 30도에 이르는 일교차에도 개미집 안에서 지내는 것에 착안한 것이죠. 건축과 생물이라는 서로 다른 분야가 만나 이렇게 창의적인 발상을 가능하게 한 것이었습니다. 그가 만약 건축가라서 과학 분야에는 전혀 관심 가질 필요가 없다는 생각을 하는 사람이었다면, 그 건축물은 탄생할 수 없었을 것입니다. 다른 분야로도 넓게 파다 보면 그것들이 연결되어 좋아하는 분야가 더욱 깊어지는 이치인 셈이죠.

좋아하는 일을 하고 재능까지 있는 사람은
그 일을 저절로 잘하게 될까?

무라카미 하루키처럼 평생 글을 다루는 작가도 하루 4시간씩 일정한 시간을 들여 '좋아하는 일을 위해' 묵묵히 일상을 견디는 법을 지켜 오고 있습니다. 좋아하는 일을 직업으로 삼는다는 건 그만큼 담금질한 시간에 비례한다고도 볼 수 있습니다. 좋아하는 일을 하며 재능까지 갖추기란 쉽지 않습니다. 하지만 거기에 '노력'이라는 또 하나의 요소가 더 필요합니다. '노력하는 것도 재능이야'라는 영화 속 대사가 생각나는 대목입니다.

지금 하고 있는 일을 좋아하지 않는다면, 쓸모없는 시간을 보내고 있는 걸까?

일본의 만화가 히로카네 겐지는 전자 제품 회사의 마케터였습니다. 숨 막히는 회사 생활을 접고 만화가의 길로 들어섰을 때 그는 쾌재를 불렀습니다. 하지만 바람과는 달리 그가 평소 그리고 싶었던 만화들은 생각보다 대중의 호응을 얻지 못했습니다. 고민하던 그는 자신이 직접 경험했고 가장 잘 알던 회사 다니던 시절 이야기를 만화에 풀어내기 시작합니다. 바로 그 〈시마 과장〉 시리즈는 폭발적인 인기를 얻게 됩니다. 나중에서야 비로소 하고 싶은 일을 하는 날이 오게 될지라도 과거에 했던 일, 지금 하는 일에 대한 어떤 경험도 쓸모없는 것은 없습니다.

'하고 싶은 일'과 '해야만 하는 일'은 반대말일까?

좋은 책을 내는 것은 언제나 '하고 싶은 일'이지만, 원고 마감일이 다가오면 '해야만 하는 일'이 되어 심장이 두근대고 걱정에 밤잠도 설치게 됩니다. '하고 싶은 일'과 '해야만 하는 일', 이 둘의 관계는 알고 보면 신기할 때가 있습니다.

'해야만 하는 일'도 하다 보니 성장에 도움이 되는 경우도 의외로 많거든요. 영어 성적을 올려야 해서 중학생 때 새벽 회화반을 다닌 적이 있었는데, 아침잠이 많아 처음엔 무척 힘들었지만 나중에는 영어 수업에 재미를 붙여 동이 늦게 트는 겨울날에도 저절로 눈이 떠졌습니다. 그리고 그 경험은 후에 EBS 영어 강사로 활동하는 데에도 크게 도움이 되었습니다.

또 초임 교사 시절에는 숫자와 단순 반복되는 일을 좋아하지 않던 저에게 엑셀로 학생들의 성적 통계 작업을 빠른 시간 안에 제출해야 하는 일은 무척 고역이었습니다. 그런데 엑셀을 제대로 한 번 배우고 나니 쓰이는 용도가 다양해 학교 업무 외 개인적으로도 유용하게 쓸 때가 많았습니다. 우리의 고정 관념과는 달리 '하고 싶은 일'과 '해야만 하는 일', 이 둘이 무조건 반대말은 아니지 않을까요?

2005년 6월, 스탠퍼드대학교 졸업 연설에서 스티브 잡스(Steve Jobs)가 남긴 축사 'You've got to find what you love. (여러분은 사랑하는 것을 찾아야 합니다.)'는 전 세계적으로 큰 열풍을 일으켰습니다. 그가 그 말에 덧붙여 좋아하는 새로운 일을 발견하는 것만큼, 그 이상으로 지금 하는 일들을 사랑하는 것 또한 중요하다고 말해 주었으면 좋았겠다는 아쉬움이 들 때가 많습니다. '좋아하는 일을 하라'는 말은 당장 듣기엔 달콤하지만, 자신의 현재를 부정하는 데에만 쓰인다면 오히려 독이 될 테니까요.

지금 자신의 상황이 완벽한 사람은 세상에 거의 없을 것입니다. 모든 것을 한 번에 충족시키는 일 또한 없습니다. 현실의 상황에 한 발 담그고 있어야 하는 상황에서 열심히 하루하루를 살아나가는 것이 우선입니다. 그러면서 나에게 최선의 방책이 무엇일지 자신의 마음에 늘 귀 기울이며 장기적으로는 내가 좋아하는 일이나 환경을 최대한 갖추어 나가는 것이 인생을 변화시키는 한 방법이 될 것입니다. 그것을 현실화시키기 위해 내가 직접 판을 짜거나, 마음이 맞는 동료들과 함께해 보고 싶은 일을 만들어 보는 거죠. 꿈과 현실 사이의 줄다리기에서 균형 있는 선택이 필요합니다. 'Do what you love. (하고 싶은 일을 하라.)'라는 말은 'Love what you do. (네가 하는 일을 사랑하라.)'와 세트처럼 함께 붙어있어야 더욱 빛나는 말 아닐까요?

위험일까,
기회일까

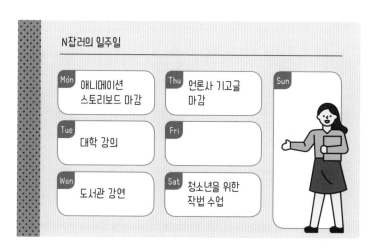

N잡러의 일주일

Mon	애니메이션 스토리보드 마감
Thu	언론사 기고글 마감
Sun	
Tue	대학 강의
Fri	
Wen	도서관 강연
Sat	청소년을 위한 작법 수업

프리랜서 작가인 A씨는 주로 온라인을 통해 일합니다. 그는 한 회사에서 애니메이션 스토리보드를 만드는 프로젝트에 3달간 참여 중인 프리랜서 작가이자, 대학 강사, 강연자, 언론사 기고가, 청소년을 위한 작법 수업 강사까지, 한 번에 5가지 일을 하고 있습니다. 언제, 어디서나 일할 수 있고 원하는 일을 선택할 수 있다는 점에서 정규직보다 훨씬 자유롭다는 장점이 있습니다. 또한 일과 삶의 균형, 일명 워라밸을 추구하며 독립적인 일을 원하는 자신의 성향상 특정 조직에 속해서 일하기보다는 이렇게 원하는 시간에 원하는 만큼만 일하는 비정규 프리랜서 근로 형태가 잘 맞는다고 생각해 왔습니다.

이런 생각을 하나는 사람은 비단 A씨만은 아닙니다. 실제로 네덜란드나 덴마크 같은 나라에서는 기업에서 정규직 일자리를 제공해도 원하는 시간만 근무하는 비정규직으로 일하게 해달라고 요구하는 근로자가 많다고 합니다. 또한 상당수의 기업 역시 생존을 위해 이렇게 비정규 임시직을 고용하는 방식을 선호하다 보니, 이미 게임의 규칙이 바뀌었다고 할 만큼 전 세계 일자리 환경은 많이 달라지고 있습니다.

하지만 요즘 A씨의 고민도 깊어지고 있습니다. 사실 매번 새로운 일을 찾아 나서야 하는 비정규직으로 일하다 보니 안정성을 보장받기도 힘들고, 4대 보험과 같은 복지 혜택이나 노후 준비는 꿈도 꿀

수 없는 상황입니다. 수강생들의 좋은 평가를 받아야 다음 학기에
도 강의에 설 수 있어 심리적 압박을 많이 받고 있습니다. 무엇보다
매달 감당해야 할 집세, 건강 보험료, 차 할부금, 학자금 상환, 휴대
폰 요금 등이 현실적으로 만만치 않습니다. 그는 자신의 상황이 물
밖으로 겨우 얼굴만 내민 채 헉헉대고 있는 것처럼 느껴진다고 지
인들에게 밝히기도 했습니다. 최근에는 추가 수익을 얻고자 에어비
앤비라는 주거 공유 사이트에 집을 내놓아 여행객들이 며칠간 묵을
수 있도록 하여 수익을 얻을 방안도 궁리 중입니다.

　물론 A씨와는 달리 형편이 비교적 넉넉한 사람도 있습니다. B씨
는 재능 마켓에서 프리랜서로 매출 1위를 기록한 보컬 트레이너입
니다. 그는 한 시간에 5~6만 원 정도를 받고 수강생들에게 노래하
는 법을 가르치는 노래 강습 프로그램을 운영합니다. 그가 한 해 동
안 이 재능 마켓을 통해 벌어들이는 수익만 약 1억 원 남짓인 것으
로 전해집니다. 젊은 나이에 자신이 좋아하는 일을 하고 원하는 시
간에 일하면서도 대기업 고위직 연봉 이상의 큰 수익을 벌어들이고
있는 것입니다. 디지털 기술의 발달로 스마트폰 앱을 통해 재능과
시간을 거래하는 사람들이 많아지고 있기 때문에 가능한 일입니다.

　형편에는 다소 차이는 있지만 A씨와 B씨처럼, 그때그때 필요
할 때마다 단기 계약직이나 프리랜서 등으로 일하는 사람들이 많
아지고 있습니다. 이렇게 급변하는 일자리 환경 변화에 대응하

기 위해 비정규 프리랜서 근로 형태가 확산하는 현상을 '긱 경제(Gig Economy)[*]'라 부르며, 이렇게 일하는 사람들을 긱 워커(Gig Worker)라 부릅니다.

여러분 세대가 만나게 될 직업 세계는 이러한 형태일 가능성이 높습니다. 이미 많은 일자리는 정규 고용의 형태가 아니며, 여러분 역시 알게 모르게 이런 방식에 익숙해져 있을 수 있습니다. 자기 자신이나 주변에서 유튜브 동영상을 올려 광고 수익을 얻거나, SNS를 통해 영향력을 가진 이들이 홍보하는 물건을 구매하는 일, 재능 마켓을 통해 디자인, 캘리그래피, 일러스트, 글쓰기, 노래, 성대모사 등의 재능을 사고파는 일 등을 모두 긱 경제라고 볼 수 있습니다.

10대 긱 워커, 위험을 기회로 만들어야

게다가 이런 일자리는 비단 글쓰기나 노래와 같은 특별한 재능에만 그치지 않고 그 범위가 더욱 확장되고 있습니다. 생활 속 편리

★ 1920년대 재즈 공연의 인기가 치솟게 되자 미국 전역에서 단기 공연팀이 속속 생겨났는데 이를 두고 '긱(Gig: 공연, 임시로 하는 일)'이라 불렀습니다. 이후 긱 경제라는 말이 만들어졌으며, 기업에서 필요에 따라 임시직이나 계약직을 고용해 시장의 수요에 대응하는 경제 추세를 일컫는 용어로 자리 잡았습니다. 이런 환경에서는 N잡러가 더욱 활성화되는 경향을 보일 수 있다고 전문가들은 말합니다.

함을 도와주기 위한 집 청소, 세탁, 자녀 등하교 보조, 맛집 음식 배달, 개인 용무 대행 등 일상의 모든 분야로까지 파고들고 있습니다. 이렇게 전 세계적으로 일자리 시장의 구조는 크게 바뀌고 있는데, 미국에서는 2020년이 되면 전체 직업 중 43%가 이와 같은 형태로 바뀔 것으로 전문가들은 예측합니다.

이런 현상을 바라보는 데에 두 가지 시선이 엇갈립니다. 긱 경제를 긍정적으로 보는 사람들은 '누구에게나, 특히나 정규직 고용 기회가 많지 않았던 경력 단절 여성, 노약자 등에게도 일할 기회가 열리게 되었다'고 극찬합니다. 하지만 반대 의견을 가진 사람들의 생각은 조금 다릅니다. 재능 마켓에서조차 완벽한 포트폴리오를 가진, 평점이 좋은 극히 일부에게만 일거리가 몰리고 돈과 인기가 편중되는 현상을 문제점으로 꼬집습니다. 이는 마치 '슈퍼스타 오디션이 모든 분야로 확대된 것이나 매한가지'라고 말합니다. 겉으로는 누구에게나 기회가 주어지고 자유롭게 선택할 수 있는 삶을 살수 있게 된 것처럼 보이지만, 그 실상을 들여다보면 경쟁은 더욱 극심해져 양극화는 심각한 지경에 이르고 있다는 것이죠. 게다가 복지 시스템을 잘 갖춘 정규 직장에 비해 어느 곳에서도 보호받지 못하고 각 개인이 모든 짐을 짊어지고 가야 한다는 지적에도 귀 기울여볼 필요가 있습니다.

이렇게 기존 일자리가 기간제, 프로젝트, 파트타임 등 비정규직 일자리로 대체되고 있는 가운데 그나마 다행인 점은 세계 각국에서 노동 세계의 변화를 인지하고 긱 워커들의 처우를 개선하기 위한 연구가 이어지고 있으며 각국 정상도 개선 의지를 보이고 있다는 점입니다.

'위기(危機)'라는 단어에는 위험과 기회라는 뜻이 모두 포함되어 있습니다. 어떻게 대처하느냐에 따라 '위험'이 되기도 하고, '기회'가 되기도 하죠. 학생들을 가르치는 입장에서 처음부터 스스로 완벽한 포트폴리오를 갖추고 완성형 인간이 되어 있기를 요구하는 세상이 대단히 걱정스러울 때가 많습니다. 그럼에도 우리는 각자 자신에게 맞는 일을 찾아 어떻게 살아나갈지 계속 실험하고 내공을 길러야 합니다. 그런 크고 작은 시도들이 모인다면, 길게 보았을 때 새로운 조직이나 체제를 위한 대안을 마련할 수 있습니다. 지금 일어나고 있는 세상의 변화를 위험이 아닌 기회로 만들기 위해 더 많은 이들의 도전과 목소리가 필요한 이유이기도 합니다.

N잡러를 둘러싼
시선들

N잡러와 관련된 기사에 달린 댓글들을 유심히 살펴보는 편입니다. '평생 직업 대신 N잡을 택한 이들'에 대한 기사에 이런 댓글들이 달렸습니다.

👤 **한우물로는 부족해**

N잡러는 가장 좋아하는 한 분야에 열정을 쏟을 수 있고, 그 분야 일에서
충분히 소득까지 올릴 수 있고, 충분한 여가 시간까지 즐길 수 있다는 점

에서 최상이라고 생각합니다.

저는 직장 생활도 10년 가까이 하다가 지금은 많은 일들을 합니다. 평소에는 피아노 조율을 하는데, 이동이 잦다 보니 동네마다 맛집을 많이 알게 되어서 제 유튜브에 소개하는데 조회 수가 꽤 높습니다. 비수기에는 통신사 인터넷 설치 기사 일도 하고, 여름에는 친구가 하는 업체 일을 도와 에어컨 설치를 하기도 합니다. 직업 하나로 먹고 살기는 힘들지만, 저의 생활에 만족하는 편입니다.

👤 **먹고사니즘이 뭐길래..**

직업이 꼭 하나여만 하는지에 대해 평소 의문을 품고 있었다.

나는 어릴 때부터 하고 싶은 게 많아서 그런지 N잡 형태로 살면 괜찮을 것 같다. 우리나라 사회 풍토가 하도 안정적인 걸 외쳐서 그런지 받아들이기에는 부정적인 시선도 있는 것 같다. 뭐 경기가 안 좋아서 먹고사는 것이 중요해서 그런 것이니 어느 정도 이해도 된다. 하지만 각자 원하는 삶을 살아가면 되는 거 같다. 강요하는 건 아니고, 이런 삶도 저런 삶도 있다는 거니 적어도 내가 생각하는 가치관과 맞지 않는다고 무작정 비난하면서 바라보는 건 잘못된 것 같음!

멀티플레이어

'한 가지 일만 한다 = 그 일에서 밀려나면 할 게 없다'이기도 합니다. 하나만 해서 잘 먹고 잘 살고 즐긴다면 N잡이 왜 필요하겠습니까? 정년까지 근무할 수 있는 직종은 손에 꼽힙니다. 하나만 해서 잘 먹고 잘 살 그릇이 아니라면 늦기 전에 준비하시길..

👍 👎

반론도 만만치 않았습니다.

공시합격!

그럴듯해 보이는 말 같지만, 현실은 우리 사회에서 '비정규직', '임시직'일 뿐인데.. 예쁘게 포장하는 단어 아닌가?

👍 👎

본업이 우선

친구들 보면 회사에 다니거나, 직업을 갖고 있으면서도 다른 일들을 다들 한 번씩은 꿈꾸는 것 같다. 여러 가지 일을 하다 보면 본업에 소홀해질 수도 있지 않을까? 뭐 막을 수 없는 시대 흐름인 것 같기는 하다만..

 정규직만이 살 길

취미와 자아 성취를 위해서라면 그럴 수 있다. 하지만, 가족을 지킨다는
막중한 책임을 진 가장이라면 선택할 수 없는 길이다.

틀린 말은 아닙니다. 누구나 자유롭게 선택 가능한 인생을 꿈꾸
지만, 현실은 그리 녹록지 않습니다. 분명 지금 우리가 살고 있는
대한민국 무한 경쟁의 살벌한 분위기 속에서 아무리 하고 싶은 게
많아도 안정적인 직장이 우선시되는 것은 사실이니까요. 저임금에
고용이 불안한 비정규직이 일자리의 많은 부분을 차지하고 있는 것
또한 부인할 수 없는 현실입니다.

사는 데 정답은 정해져 있지 않습니다. 자신이 걸어가는 것이 길
이고, 그 과정에서 본인이 행복한 것이 가장 중요하지 않을까요?
자신을 N잡러라 부르는 한 청년 작가는 언론사 기고를 통해 자신
은 매일 다니는 회사와 비정기적 일을 포함하여 4.5개 정도의 일을
하고 있다고 밝혔습니다. 비정규직의 고용 불안과 고단한 삶에 대

해 한참을 토로했습니다. 그럼에도 불구하고 자신은 이 모험을 결코 멈출 수 없다고 말합니다. 세상에는 하고 싶은 일도, 재미난 일도 많은데 한 직장에서 그저 비슷비슷한 직무를 하며 평생을 보내고 싶지는 않다고요. 한 가지 일만을 경험하면 그 일이 나에게 맞는지 안 맞는지 판단할 길은 없다는 것입니다. 예전처럼 한 가지 직업만으로 살아갈 수도 없는데 평생 한 가지 일만 하기에는 다양한 일에 대한 관심과 호기심을 주체할 수 없다고 말입니다. 그의 N잡 예찬론을 장식한 마지막 글귀가 입가에 맴돌았습니다. '인생은 길고 시간은 많다.'

미래 기술과 N잡 사이의
세렌디피티(Serendipity)

『세렌디피티(Serendipity)』, 뉴욕의 크리스마스 이브를 배경으로 7년의 엇갈림 끝에 운명적인 사랑을 찾게 되는 존 쿠삭 주연의 영화가 있습니다. '세렌디피티'는 노력한 끝에 미처 기대하지 않았던 뜻밖의 것들을 우연한 기회에 찾아내는 행운이나 재미를 뜻하는 말입니다.

그저 로맨틱한 단어인 줄만 알았는데, 과학 연구나 실험 분야 등에도 널리 쓰이는 말이라는군요. 수학자 아르키메데스가 목욕탕에서 우연히 부력의 원리를 깨닫고 '유레카'를 외쳤던 그 순간, 뉴턴

이 사과나무 밑에서 떨어지는 사과에서 만유인력의 법칙을 발견한 사건에서부터 페니실린, DNA 이중나선구조, 비아그라, 포스트잇까지, 모두가 준비된 행운, 세렌디피티입니다.

N잡 대모험에서 빼놓을 수 없는 중요한 요소인 미래 기술과 그로 인한 세상의 변화에 대해 이야기하려다 보니 '세렌디피티'라는 이 단어가 문득 떠올랐습니다. 아직 다가오지 않은 새로운 세상이 우리에게 어떤 모습일지 아무도 정확히 알지 못합니다. 기계와 인간, 기계와 기계, 인간과 인간이 연결된 초연결 시대. 너무도 많은 것들이 눈부시게 빠른 속도로 변화하기에 지금 이 순간에도 복잡해지고 있기 때문이죠.

인공 지능, 사물 인터넷, 가상 현실, 드론, 자율 주행 자동차 등이 뜨고 있다는 이야기를 심심찮게 듣게 됩니다. 그리고 그로 인해 유망해질 미래 직업들이 미디어에서 자주 소개되는데요. 하지만 단언컨대, 모두에게 유망한 직업은 없습니다. 그 직업을 선점한다 한들, 미디어에 소개된 이상 머지않아 경쟁이 심해지는 건 불 보듯 뻔한 일입니다. 우리가 진짜 알아야 할 것은 그런 거창한 이름의 기술 그 자체가 아닙니다. 중요한 건, 각자 '그것을 어떻게 이해하고 활용하여 삶 속에 녹여낼 것인가'일 것입니다.

뉴욕에서 일하는 한 건축 설계사의 사례가 좋겠군요. 그는 뉴욕의 거리를 걷다가 한 아이디어를 구상하게 됩니다. 기존의 내비게

이션이 목적지에 도달하기 위해 빠른 길을 안내하는 방식이었다면, 그가 떠올린 건 사람들에게 행복한 도보 경험을 가능하게 돕는 것이었습니다. 그것을 위해 사람들이 뉴욕 시내를 걸으면서 실제 눈높이에서 보게 되는 하늘의 크기나 나무의 개수, 건물의 위도와 경도, 신호등의 위치, 소음의 정도까지 모든 것들을 빅데이터로 전환하였답니다. 그리고 그 데이터를 파이선 등 프로그래밍 언어를 활용해 분석하여 프로젝트를 완성하였습니다. 미래 기술과는 거리가 먼 일에 종사했던 그가 뜻밖에도 이 프로젝트를 통해 세계적인 IT 기업인 구글의 스카우트 제안을 받기에 이릅니다.

세렌디피티를 만날 수 있는 자세

이쯤 하면 센스 있는 친구들은 왜 선생님이 세렌디피티라는 단어를 꺼냈는지 이해할 거예요. 당장은 전혀 상관없는 것처럼 보이는 일일지라도 관심의 영역을 넓히고 그 속에서 중요한 무언가를 찾아보고 모험해 볼 자세만 갖추고 있다면 우연히 발견되는 행운, 세렌디피티를 만날 수 있다는 이야기하고 싶어서예요. 그리고 그것이 인공 지능 시대를 살아갈 인간이 해야 할 일이라는 점도 말하고 싶네요. 인공 지능은 스스로 열정을 가질 수도, 자신의 삶을 사랑할 수도 없으니까요.

여러분이 살아갈 날들을 위해 하얀 도화지가 주어져 있습니다. 어떤 그림이 그려질지 아직 아무도 모르죠. 사실 어떤 세상이 올지도 미지수입니다. 오늘도 사람들은 미래에 대한 숱한 예상들을 쏟아내지만, 한층 더 복잡하게 연결될 세상에서 그 예측들은 상당수 빗나갈 것입니다.

미래학을 연구한 한 학자는 이렇게 불확실한 미래를 가능성이 풍부한 시공간으로 이해하면 미래학의 절반은 공부한 셈이라 말했습니다. 미래 시나리오는 결코 답이 정해져 있지 않기에 더 나은 미래를 위한 열쇠는 결국 사람들의 생각과 행동 변화라는 겁니다. 과거의 잘못된 선택으로 혹은 알면서도 실천하지 않아 내가 원하는 미래를 만들어내지 못해 후회해 본 경험이 다들 한 번쯤은 있을 겁니다. 불확실하기는 하지만, 가능성이 풍부한 미래라고 열린 해석을 내린다면, 우리는 미래를 바꿀 수 있습니다. 미래는 언제나 꿈꾸고 상상하는 사람들에게 엄청난 기회가 될 것이며, 어떤 행운이 덤으로 기다리고 있을지도 모를 일입니다.

세렌디피티는 누구에게나 다가올 수 있지만, 무언가 추구하고 노력하는 과정에서 얻어지는 것입니다. '준비된 사람만이 그 우연히 찾아온 기회를 자신의 것으로 만들 수 있음'을 뜻한다는 것 또한 꼭 기억해 주었으면 합니다.

Chapter

2

현대판
N잡러들의
살아 있는
이야기

하나의 직업 안에서도
다양한 가능성을 발견하는 법

　좋은 교사가 되려면 최소 12가지 이상의 능력이 필요하다고 합니다. 각 교과의 실력은 물론이고 각종 교수–학습 기법, 학습 동기유발 질문법, 대화법, 판서 기술, 업무 처리 능력 등을 갖추어야 하니까요. 특히 초등학교 교사의 경우 국영수부터 미술, 음악 등 예체능까지 전 과목을 다루다 보니 이러한 능력들이 안으로는 풍성한 수업과 학급 생활 지도를 돕고, 밖으로 발산될 경우 또다른 직업인으로 활동해도 손색없을 만한 능력들로 발휘되기도 합니다. 그래서인지 실제로 요즘은 교사 중에도 웹툰 작가, 학부모교육 전문가, 심리

상담가, 컴퓨터 전문가, 랩퍼, 동화 작가 등 교육을 기반으로 다양한 개성과 실력을 보여 주는 많은 선생님이 있습니다.

저도 주중에는 학교에서 반 아이들과 함께 생활하고, 주말에는 EBS 방송국의 공채 강사로 전국의 초등학생들과 만났습니다. 반 아이들과 수업했던 '삼국통일의 역사적 의의'에 대해 뉴스 형식으로 방송을 진행한 날도 있었고, '분수의 덧셈과 뺄셈' 수학 문제를 풀어 보거나, EBS 영어 채널에서 다양한 주제로 생활 영어 프로그램을 진행하였습니다. 또 교육 방송을 제작하며 만든 애니메이션과 퀴즈는 수업 자료로도 사용했습니다. 우리 반 아이들도 방송에 종종 참여하였는데, 자신과 친구들의 이름과 사진이 나온 영상을 보며 환호하기도 했습니다. 방학 때는 작가가 되어 평소 학급에서 진로 교육 수업 자료로 썼던 워크북에 캐릭터를 입혀 동화책으로 출간, 개학 후 반 아이들에게 한 권씩 선물하기도 했습니다.

이렇게 한 직업 내에서도 다양한 시도가 가능했던 것이 교사여서 가능했던 걸까요? 궁금증이 생겼던 저는 다른 직업을 가진 분들에게 물어 보고 그들을 관찰해 보기로 했습니다. 방송국에서 교양 프로그램을 제작하는 한 PD님에게 물었습니다. 다른 분야의 사람들은 연출가라고 하면 '레디, 액션'만 외치면 된다고 오해하는 경우가 있지만 의외로 다양한 능력이 필요하다고 그는 말했습니다. 새 프로그램을 기획하려면 사회 트렌드도 빠르게 읽어야 하고, (방송 작가가 있기는 해도) PD도 기본적으로 글 쓰는 능력을 갖추고 좋은 글을 판별하는 눈이 있어야 하며, 적재적소에 맞는 출연자들을 섭외하려면 사회성도 갖추어야 하고, 많은 사람들에게 널리 방송을 알리는 홍보 능력까지 두루 갖추고 있어야 한다는 답이 돌아왔습니다. 고개가 절로 끄덕여졌습니다. 저는 좀 더 자세히 다양한 직업군의 N잡러들의 하루를 들여다보고 싶어졌습니다.

💬 인터뷰 **고려대 구로병원 병리학과 김한겸 교수**

의료계 팔방미인, 의술+인술+예술 3마리 토끼 잡다

고려대 구로병원 병리학과 김한겸 교수의 현미경은 오늘도 바쁘게 움직입니다. 그는 수술로 제거된 암이나 종양, 염증 조직 세포를 현미경으로 보면서 진단하는 일을 합니다. 여기까지는 다른 병리 의사와 다를 바가 없어 보이지만, 그의 이름 앞에는 '현미경 아트 작가'라는 아주 독특한 수식어가 하나 더 붙습니다. 그가 들여다본 세상은 현미경 그 너머였습니다.

> 👩 <u>백다은(이하 백)</u> 현미경 아트 작가, 처음 듣는 이름인데요. 어떤 일을 하시는 건가요?

> 👨 <u>김</u> 온종일 현미경 속에서 씨름하며 지내는 것이 병리 의사의 일상이

에요. 그런데 세포들을 보다 보니까 추상적인 모양이 떠오르고, 재밌는 현상을 볼 때가 있더라고요. 육안으로는 다 볼 수 없는 미세한 작은 세상을 마음껏 감상하는 특권을 누리는 셈이죠.

백 구체적으로 예를 들어주실 수 있을까요?

김 불꽃놀이(fireworks)라는 작품을 예로 들어볼게요. 하루는 현미경 속에 빨간 불꽃들이 펼쳐지는 것처럼 느껴졌어요. 붉은 섬광 주위에 타버리고 남은 화약 연기가 자욱해 보였죠. 의학적으로도 실제로 덥디더웠던 여름, 곰팡이가 인간의 몸속에서 성장한 소견을 덧붙일 수 있겠네요.

백 할아버지(grandpa)라는 작품도 무척 재미있네요. 어떤 작품인가요?

김 무릎 수술을 통해 제거된 연부 조직이에요. 콜라겐 섬유와 지방과 뼛조각이 절묘하게 조합을 이룬 모습이었는데, 그게 꼭 막걸리 한잔 걸치시고 얼굴이 벌게진 할아버지가 연상되더라고요.

그는 특이한 슬라이드를 따로 보관해 두었다가 여유 있을 때 찍고 보정하여 자신만의 작품을 만들고 있다고 합니다. 폐 조직에서 찾아낸 석면체, 통풍 환자의 결정체 같은 것들도 그의 손을 거치면 작품으로 재탄생하죠. 더욱이 그는 이 작품들을 모아 전시회를 열기도 하는데, 판매된 작품의 수익금 전액을 말기암 환자들과 가족

들을 위한 기금으로 호스피스회에 기부하고 있다는 이야기를 듣고 감동하지 않을 수 없었습니다.

백 교수님의 특별한 작품을 통해 사회에 전하고 싶은 메시지가 있으실 것 같은데요.

김 질병 속에서도 형상의 아름다움을 찾아낼 수 있는 것처럼, 사람들이 고통스러운 삶 속에서도 희망을 찾아내길 바라는 마음입니다.

그는 병리 의사로서 자신의 전문성을 갖추는 것에서 멈추지 않고, 영역을 넓혀 이렇게 예술로 승화시키고 있습니다. 그의 이름 앞에는 '의료계 팔방미인'이라는 수식어가 붙습니다. 현미경 아트 작가 외에도 풍경 사진가, 의사 검객, 국내 미라 연구 권위자, 글로벌 의료 봉사가 등 왕성하게 활동 중이기 때문이죠. "한 가지 일을 즐겁게 하다 보니 자연스럽게 다른 일로 연결돼 범위가 넓어졌을 뿐"이라 겸손하게 말하는 그에게서 무한한 상상력이 돋보이는 예술가로, 사람에 대한 애정이 담긴 인문학자의 눈으로 바라본 세상이 엿보였습니다. 의학이라는 한 우물을 깊이 파면서 동시에 다양한 분야에서의 폭넓은 지식과 경험을 쌓아 다른 우물과 연결 짓고 있는 그에게서 삶의 지혜를 배우게 됩니다.

그는 인터뷰 말미에 10대에게 꼭 전하고 싶은 말이 있다고 했습니다. 자신에게 메일과 문자를 보낸 10대들이 너무 기특하여 직접 만났는데, 이들처럼 자신의 꿈을 이루기 위해서는 만나고 싶은 멘토에게 연락하는 것도 결코 망설이지 말라고 이야기했습니다. 항상 꿈을 실현하고자 노력하며, 그 과정에서 남을 위한 배려도 잊지 말았으면 좋겠다고 덧붙였습니다.

'대학병원 병리 의사'이자 '현미경 아트 작가' 김한겸 교수의 다양한 작품은 페이스북 공개 페이지인 'Nomad in a small world 작은 세상 속 유목민(https://www.facebook.com/smallworld1981)'을 통해 확인할 수 있습니다.

💬 인터뷰 이상곤 약사
딴짓 권하는 약사의 약국 밖 세상

온종일 약국 안에서 시간을 보내는 '약사', 그 일반적인 직업관 안에 자신을 가두지 말고 다양한 딴짓들에 도전하며 자신만의 삶을 만들어 보기를 당부하는 선배 약사가 있습니다. D제약 연구원 출신의 이상곤 약사인데요. 그는 현재 구독자 9만 명의 유튜브 채널 '안될 과학'을 운영 중이며, 환자들에게 약 처방에 대한 신뢰도 높은 정보를 제공하는 '비약'이라는 헬스 케어 앱을 운영 중입니다. 그뿐만 아니라 출판사 이사, 사이언스 커뮤니케이터, 스쿠버다이빙 강사, 전문 행사 사회자, 연극 배우, 래퍼, 투자가 등 다양한 활동을 해 오고 있습니다.

백   스티브 잡스가 말한 '점의 연결(Connecting the dots)*'이라는 단어를 자주 쓰시는 것 같던데, 어떤 경험에서 비롯된 걸까요?

이   약사가 해야 할 일이란 한계점을 넘어서니 인생에 다양한 점들이 찍히고, 그 점들을 엮고 이어보니 약사이지만 내 이름 석 자가 부각되는 삶이 열렸어요.

백   언제부터 그런 생각을 하셨나요?

이   어릴 때부터 앞으로 어떤 일을 하며 어떻게 살지에 대해 고민을 많이 했어요. 대학 시절 이후 그것을 채우기 위해 다양한 활동과 경험을 하려고 노력했던 것 같아요.

백   계획대로 잘되셨나요?

이   아니오. 열심히 찾는데도 정작 뭘 해야 할지 몰라서 저는 다양한 분야의 사람들을 만나는 방법을 택했어요. 그런데 그 과정에서

★ 애플의 창업자 스티브 잡스가 스탠퍼드 대학교 졸업식 연사로 남긴 유명한 말입니다. 대학을 자퇴한 그는 캘리그래피 과목을 청강하면서 서체에 대해 배웠는데 인생에 도움이 될 거라고 생각하지는 못했지만, 10년 후 첫 매킨토시를 만들면서 대학교 때 청강으로 배운 서체가 큰 도움이 됩니다. 심지어 애플만의 차별화된 디자인이라고 평가 받았습니다. 이를 두고 잡스는 현재는 '점'에 불과한 작은 사건들이 의미 있는 연결 고리를 만나 미래에 생각지도 못한 결과를 낳게 될 수 있으니, 세상에 의미 없는 경험은 없다는 생각을 전했습니다.

소위 성공했다는 사람들조차도 미래에 대해 걱정하고 고민하고 있다는 것을 알게 되었죠.

 백　랩을 잘하시던데… 원래 딴짓을 많이 하시는 편이었나요?

 이　네. 대학 시절에 흑인 음악 동아리를 하면서 본격적으로 시작하게 되었고요. 대학원에서 박사 과정 중에 우연한 기회에 과학 소통 대회(페임랩, FameLab)에서 상을 받게 되면서 다양한 과학 활동을 하게 되었어요. 대중들이 가장 좋아하는 음악과 낯선 과학이 연결된 사례가 없는 것 같아서 대학시절 동아리 경험을 바탕으로 과학 랩을 쓰게 된 거죠.

 백　과학과 음악의 연결, 흥미로운데요. 어떤 곡이었을까요?

 이　3곡의 싱글을 발매했는데, 〈널 향한 주기율표〉, 〈작용 반작용〉, 〈우주 휴가〉라는 곡이에요.

 백　제목만 들어도 정말 기대가 되는데요. 저도 꼭 찾아서 들어봐야 겠어요. 10대에게 꼭 전하고 싶은 말이 있다면요?

 이　대부분의 사람이 1년간 할 수 있는 일을 과도하게 계획을 짜는 반면 10년간 할 일에 대해선 생각을 잘 안 하는 경우가 있는데, 한번 10년을 생각해 봤으면 해요. 계획대로 살면 놀랍게도 그 계획대로 될 수 있어요. 딴짓을 해 보고 이것들을 연결하다 보면 10년 후 어떤 삶이 펼쳐질지 모를 일이니까요. 그간 다양한 딴짓들을 해 오며 내 삶에 여러 점을 찍고 있었단 것을 알게 되었어요. 이런 점들을 연결 짓다 보니 현재의 다양한 일들을 하게 되었고, 처음엔 놀랍기만 했는데 그게 어느새 저의 장점이 되었어요.

"공부나 하지 무슨 랩이야, 너 래퍼 될 거야? 엉뚱한 짓 그만해." 딴짓을 고운 시선으로 보지 않는 우리 사회에서 그에게 핀잔을 준 누군가가 있었을지도 모릅니다. 하지만 남들은 본업과는 거리가 먼 딴짓이라 생각되는 일들조차 이렇게 멋지게 연결될 거라고 누가 알았을까요?

약국, 학교, 병원, 공연장, 서점, 방송국, 회사, 농장, 식당 등 자신이 몸담은 어느 곳이건 그 안에만 자신의 시야를 가두어 두지 말고, 세상과 연결될 수 있는 고리들을 끊임없이 상상해 보면 어떨까요? 한 우물을 깊이 파면서 동시에 자신의 또 다른 가능성을 넓혀 나가기 위해 끊임없이 세상의 문을 두드리는 이들은 자신은 물론 다른 이들의 삶까지 바꾸어 놓을 테니까요.

분야를 뛰어넘어 융합하는
노마드(Nomad)의 길

한편, 종종 전혀 다른 분야로 도전하는 N잡러들도 눈에 띕니다. KBS 〈명견만리〉에 강연자로 출연한 인연으로 친분이 생긴 조봉한 박사가 그렇습니다. 그는 현재 인공 지능을 활용한 온라인 수학 교육 프로그램을 개발해 시니어 창업에 성공했습니다. 당시 〈명견만리〉 방송에서 그에게 수학을 배운 4주 차 초등학생과 수능 수학 1등급 서울대학교 학생 간의 수학 대결이 공개되면서 큰 화제가 되었는데요. 미적분과 같은 어려운 수능 문제를 초등학생이 서울대 학생보다 훨씬 쉽고 직관적인 방식으로 더 빠르게 풀었기 때문입니다. 블록과 그림을 이용해 고등 수학을 풀 수 있도록 지도한 결과였습니다.

원래 그는 금융계 거물급 인사였습니다. 20대에 인공 지능으로 석·박사 학위를 취득하고 미국에서 세계적인 IT 기업인 필립스와 오라클을 다녔고, 30대에 국내 H은행의 최연소 부행장이자 금융 그룹 IT 부문 대표를 맡았으며, 40대에 S화재 부사장을 역임하면서 젊은 나이에 금융권 임원에 오른 전례가 없는 인물입니다. 최근에는 세계 최고의 은행인 디비에스 은행(DBS Bank)의 이사로까지 위촉받았습니다. 그는 두 달에 한 번, 싱가포르에서 열릴 회의를 위해 2천 페이지에 달하는 문서를 미리 읽고 회의를 준비해야 하는 강행군을 소화해야 하는 상황에서도 수학 강의 콘텐츠를 만들고 교육 회사를 운영하는 일을 최우선으로 두고 있습니다. 수학 교육에 대한 그의 못 말리는 열정은 어떻게 시작된 걸까요?

💬 인터뷰 **조봉한 박사**

금융계 인사에서 시니어 창업자로, 세계 곳곳에서 끝없이 도전!

😊 **백**   모두가 부러워하는 직장이었을 텐데, 쉽지 않은 결정이셨을 것 같아요.

😊 **조**   사실 10년 전부터 교육자의 길을 걸어가겠다고 생각했어요. 만 50세가 되던 2015년에 퇴사했죠. 안정적인 직장도 중요하지만,

보다 사회적으로 의미 있는 일을 하고 싶었어요.

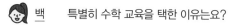 백　특별히 수학 교육을 택한 이유는요?

조　초등학교 때부터 이렇게 하면 쉬운데, 사람들은 왜 수학을 어렵게 공부할까 의문을 가졌어요. 『수학의 정석』 한 번 안 보고 공부했지만, 본질을 알면 수학 공부가 그리 어렵지 않거든요.

백　따님이 한 분 있는 것으로 아는데, 수학을 잘했겠죠?

조　아니오. 사실 초등학교 4학년 딸 아이가 수학 때문에 힘들어하고, 수학 성적이 안 좋아서 개념을 가르쳐 주려고 쫓아다니면서 같이 놀아 줬던 경험이 있었어요.

수학을 힘들어하던 아이에게 제 방식이 통했어요. 공식 외우기를 강요하고 문제 풀기에만 급급한 기존의 수학 교육 방식을 바꿔야 한다고 생각했어요. 입시가 전부가 아니잖아요. 이제 그 너머의 세상을 꿈꿔야 해요.

백　네, 교육의 목표가 더 이상 좋은 성적이나 명문대 진학이어서는 안 된다는 말씀에 전적으로 동의합니다.

조　교육을 통해 현대 사회의 구조적 문제점을 해결할 수 있다고 생각합니다. 함께 진정한 교육의 변화를 만들어가요.

실제 그가 개발한 인공 지능 수학 프로그램은 기존의 교육 과정과는 달리, 학습자의 수준을 파악해 맞춤형 커리큘럼을 제공하니다. 곱하기 문제를 테스트하여 학습자가 잘 푼다 싶으면 인수분해로 넘어가기도 하고, 그 개념을 쉽고 재미있는 애니메이션과 게임 콘텐츠로 각자의 속도에 맞게 제공합니다. 그는 본질을 꿰뚫는 눈만 있다면 기본 원리는 통하는 것이라 믿습니다. 고등학교에서 배우는 등비수열부터 대학에서 배우는 테일러 공식까지 제시하는데, 아이들도 그 개념을 소화할 수 있다는 걸 경험을 통해 알게 되었기 때문입니다. 초중고 12년 과정을 2년 6개월이면 모두 끝낼 수 있다는 것이 그의 주장입니다.

 조　사람들이 수학을 어렵고 복잡한 것으로만 생각하는 게 안타까워요. 저는 그 교육 문화를 바꾸고 싶어요. 수학은 관계와 변화를 밝혀내는 학문이에요. 다양한 현상을 관찰해 변화를 읽어내는 힘은 인문학, 과학, 경제학 등 모든 학문에서도 필요한 능력이잖아요.

　교육을 이야기하는 그의 눈빛은 언제나 빛납니다. 그는 제가 아는 사람 중 자신의 업(業)을 가장 좋아하고 어린아이처럼 신나게 하루를 보내는 사람입니다. 그 진정성을 인정받아 더 좋은 프로그램 개발을 위한 국내외 투자도 유치하게 되었고, 협약을 원하는 국내외 제안이 물밀듯이 들어옴에도 불구하고 자신의 목표는 추후 이것이 입시를 위해서가 아닌 '교육의 변화를 위해 공공의 목적에 맞게 쓰이기'를 바란다고 말합니다. 금융인으로 새벽 늦게까지 근무하던 시절과 지금 삶에서의 만족도가 어떻게 다르냐는 저의 질문에 그는 망설임 없이 한 단어로 시원하게 대답했습니다. '올킬', 그에게 지금 이 일은 직업적으로도, 사회 공헌도 면에서도 모든 것을 충족시키는 일이라는 의미입니다. 돈은 '좋아하고 잘하는 일을 하다 보니 저절로 따라오는 것'이라고 겸손하게 말했습니다.

융합하는 유랑자

평생 치열하게 살아온 만큼, 누군가는 이쯤 되면 그동안 쌓아 온 직위와 명성으로 대접받으며 살아갈 생각을 할지도 모릅니다. 하지만 한 직장, 한 지역, 한 가지 업종에 매여 있지 않고 언제 어디서든 IT 기기를 들고 다니며, 일과 놀이의 경계조차 없이 자신이 구상하고 있는 일들을 이야기하는 그를 보며 이 말이 떠올랐습니다.

'성을 쌓는 자는 반드시 망할 것이며 끊임없이 이동하는 자만이 살아남을 것이다.'

돌궐족 명장 톤유쿠크(Tonyukuk)의 비석에 새겨진 글입니다. 그의 말을 현대 사회에 적용해 보면, '노마드(nomad)'라는 단어로 표현할 수 있을 것입니다. 원래는 '유목민', '유랑자'를 뜻하는 말로,

프랑스의 철학자 질 들뢰즈(Gilles Deleuze)가 그의 작품에서 사용한 말에서 유래되었습니다. 지금은 그 의미가 좀 더 확장되어 단순히 공간의 이동만이 아니라 '기존의 가치와 삶의 방식에 얽매이지 않고 끊임없이 새로운 자아를 찾아가는 것'을 뜻하는 현대 철학으로 자리 잡았습니다. 이렇게 노마드는 분야를 넘나들며 자신의 가치를 새롭게 만들어 나가고, 세상을 이롭게 변화시키고 있습니다.

조봉한 박사의 사례를 통해 한 가지 더 주목해 보고 싶은 점은 바로 '융합'에 대한 이야기입니다. '금융과 교육', '의학과 예술', '공학과 법학' 등 전혀 다른 성격의 분야를 넘나들면서도 의미 있는 결과를 만들어내는 사람들을 살펴보면 공통점이 있습니다. 남들이 정해 놓은 길을 따라가기 위해 '무조건 열심히' 공부하는 것이 아니라, '많이 경험하고 넓게 배우며' 새로운 일에 도전하는 것을 두려워하지 않는 태도를 가졌다는 점입니다.

알파고(AlphaGo)를 개발한 데미스 하사비스(Demis Hassabis) 역시 그러했습니다. 그가 인공 지능 기술 회사인 '딥마인드(Deep Mind)'를 설립하고 알파고를 탄생시킬 수 있었던 것은 10대 때부터 많은 도전을 통해 다양한 분야를 연결하고 융합했기 때문인데요. 영국 런던에서 태어난 그는 13살에 이미 체스 마스터 등급에 올라 신동으로 불릴 정도로 체스에 몰입했습니다. 이후 게임에 빠졌던 그는 16살에는 대학 진학 대신 게임 개발사로 갔습니다. 도쿄 디즈니랜드에 영감을 얻어 기획된 시뮬레이션 게임 '테마파크' 제작에 참여해 세계적인 게임 개발자들과 함께 완성했습니다. 대학에서는 컴퓨터 공학을 전공하고, 이후 게임과 인공 지능의 결합을 끊임없이 시도하죠. 그에 멈추지 않고 그는 뇌 과학 박사 학위까지 취득했습니다. 이처럼 체스, 게임, 컴퓨터 공학, 인공 지능, 뇌 과학 등 다양한 분야를 두루 섭렵했던 노력이 세상을 놀라게 한 작품의 배경이었던 것입니다.

뇌는 새로운 문제와 마주하게 되면 우리가 인식하지도 못하는 순간에 이미 그동안 쌓아온 경험과 기억들을 찾아내 연결합니다. '많이 경험하고 넓게 배우는' 태도가 중요한 이유가 여기에 있습니다. 사실 현대인은 대부분의 지식 정보를 검색 엔진을 통해 얻을 수 있습니다. 그래서 그보다는 찾아낸 것들을 토대로 적재적소에 활용하며 새로운 것을 창조하는 태도와 능력이 필요합니다.

요즘은 나이키, 디즈니와 같은 글로벌 기업에서 디자이너와 수학자, 마케터 등 연관 없어 보이는 사람들이 한 공간에서 함께 일하는 경우도 많습니다. 이처럼 융합은 이제 개인의 삶뿐만 아니라, 어느새 우리의 생활 속에도 깊숙이 들어와 있습니다. 우리에게는 세상에 대해 열린 마음을 갖고 여러 분야를 경험하여 넓게 배우려는 태도가 무엇보다 중요합니다. 다양하고 폭넓은 경험은 융합의 씨앗이자 양분이 될 테니까요.

일에 대한 고정 관념을 완전히 깨다, 퓨처마킹(future marking)

일에 대한 우리의 상상력은 그동안 굉장히 빈약한 편이었다는 생각을 종종 합니다. 평생 한 회사를 계속 다니면서 승진하거나, 연봉을 좀 더 높여 다른 회사로 이직하거나, 창업하거나, 프리랜서로 활동하는 정도였죠. 그런 고정 관념을 깨고 완전히 다른 상상을 통해 자신만의 길을 걷고 있는 이가 있습니다. 《관점을 디자인하라》의 저자 박용후 이사. 그는 자신의 이름 앞에 '관점 디자이너'라는 새로운 직업명을 스스로 이름 붙였습니다. 카카오톡, 배달의 민족 등 이름만 들어도 다 아는 기업의 컨설팅을 성공적으로 이끌고 있는 그는 여러 면에서 일에 대한 고정 관념을 깬 놀라운 시도를 이어가고 있습니다.

첫째, 그는 한 달에 20번, 각기 다른 곳에서 월급을 받습니다. 자신이 컨설팅하는 11개 회사(매번 달라짐)를 지칭하는 여러 개의 명함을 갖고 있으며, 강연과 출판 수익도 동시에 얻고 있습니다. 둘째, 그는 오피스리스 워커(Officeless Worker, 사무실 없이 일하는 사람)입니다. 하루 100통 이상의 전화 통화를 이동 중에 하고, 수시로 오가는 휴대전화 메시지와 이메일을 이동하는 차 안에서 확인합니다. 강연과 미팅이 날마다 이어지기도 하니, 전국 어디든 일터로 만들어 버리는 셈이죠. 셋째, 그의 계약서는 아주 특별합니다. '박용후는 2,000만 다운로드를 달성했을 때 회사를 졸업한다. 졸업한 후에도 회사는 박용후에게 2년간 매월 100만 원씩 지급하며, 책값을 무제한 제공한다.' 목표를 달성하면 그 회사를 졸업한다는 그만의 방식은 실력과 자신감 없이는 아무나 내걸 수 없는 계약일 것입니다.

N잡, 관점을 살짝만 바꾸면

그를 처음 만난 건 '설북(設Book)열차'라는 아주 특별한 강연회에서였습니다. 아홉 명의 저자들과 독자들이 서울역에서 출발해 기차를 타고 1일 여행을 하는 행사였습니다. 당시 그의 열차 칸에 탑승했던 저에게 그가 했던 말이 오래도록 기억에 남았습니다. '생각의 관성에 머물러 있지 말고, 치열하게 사색해서 얻어낸 자신만의 정의를 갖는 일이 당신을 ONLY 1, 대체 불가능한 사람으로 만들 것이다.' '관점 디자이너'라고 자신의 직업에 스스로 이름을 붙인 그답게, 자신의 삶으로 그것을 증명해내고 있기에 더욱 와 닿는 말이었습니다.

한때 그는 '어머니에게 (사업 실패로) 하루 3만 원씩 용돈 받아서 쓰는 불효를 저지르던, 큰소리칠 것 하나 없는 사람이었다'라고 과거를 고백했습니다. 그때와 지금의 자신을 가르는 차이는 'one of them(여럿 중 하나)'이 아닌 'only one(오직 하나)'이 된 것이라 말합니다. 모두가 한 방향을 향해 달리면 1등, 2등에서 꼴등까지 순위가 매겨질 수밖에 없습니다. 하지만 상하좌우, 360도 모든 방향으로 제각기 자신이 택한 방향으로 달려 나가면 '모두가 1등'을 할 수 있다는 것입니다. 관점을 바꾸면 모두가 1등인 게임을 할 수 있다고 그는 힘주어 말합니다.

거꾸로 생각하라는 거예요. '이렇게 됐으면 좋겠어'를 먼저 생각하는 거죠. 그래서 상상이 경쟁력이라는 말을 하는데요. 상상을 먼저 한 후에 그 상상을 이루기 위해서 무엇이 필요한지 거꾸로 생각하는 거죠. 관성대로 생각하면 거기까지 못 가요. 그러니까 거꾸로, 가장 이상적인 모습을 상상한 후 찾아와야 하는 거예요. 이상적인 모습을 상상하는 것, 이것이 가장 중요해요. 상상하는 사람이 이겨요. 기계는 상상을 못 하니까요. 예측은 할 수 있을지 모르겠지만요.

《관점을 디자인하라》(박용후, 쌤앤파커스, 26쪽)

가장 이상적인 모습을 상상한 다음 거꾸로 계산한 다음 현재 해야 할 일에 절실함을 갖고 최선을 다하는 것이 인생을 잘 살아내는 방법이라고 그는 말합니다.

N잡 모험에서 가장 중요한 요소도 상상력이라고 생각합니다. '이렇게 됐으면 좋겠어.' 물론 아무 노력 없이 바라기만 해서는 안 되겠지만요. '내 삶이 이렇게 달라졌으면 좋겠어', '세상이 이렇게 변화했으면 좋겠어', '나도 스스로 선택하며 살아갈 수 있는 삶을 살고 싶어' 등 새로운 그림을 계속해서 그려 보는 겁니다. 남들의 성공 사례를 보고 그저 따라가기에 바빴던 벤치마킹(bench marking)이 아니라, 퓨처마킹(future marking), '지금은 당연하지 않지만 미래에 당연해질 것들을 찾아내는 것'이 더 중요할 것입니다. 예를 들면 이런 식입니다.

일과 직업에 대한 고정 관념을 깬 상상

- 어디든 나의 일터가 될 수 있다.
- 하루 중에도 오전, 오후 소속이 다를 수도 있겠다.
- 직장이 나를 선택하는 것이 아니라, 내가 직장들을
  선택한다.
- 1년 중 일정 기간 해외에서도 일할 수 있으면 좋겠다.
- 저작권을 갖는다.
- 강연자가 될 수 있게 나만의 콘텐츠를 갖는다.
- 하루 4시간만 일하는 구조를 만든다.
- 예술, 공학, 교육 등 다른 분야의 사람들과도 같이
  일하고 싶다.
- 워라밸이 살아있는 회사를 창업해 보고 싶다.
- 회사가 내게 일을 주는 것이 아니라, 내가 회사에
  제안한다.

보통 직장인들에게 가장 두려운 것 중 하나는 '일요일 밤'입니다. 은행에 다니던 한 중학교 동창이 월요일 아침 출근이 얼마 남지 않은 어느 일요일 밤, 개그 프로그램이 끝날 때 흘러나오는 시그널 음악을 듣자니 한숨이 절로 나왔답니다. "아, 일주일에 딱 3번만 출근

하고 싶다. 나머지 나흘은 독서 모임을 하거나, 강연을 듣거나 요리를 배운다면, 얼마나 좋을까?" 그 말이 끝나기가 무섭게 "따박따박 월급 나오는 안정적인 직장이 얼마나 좋은 건데, 나이가 몇인데 그런 팔자 좋은 소리나 하냐"며 엄마에게 등짝 스매싱을 맞았다는 소리에 모임에서 다들 웃었던 적이 있습니다.

그런데 그런 일들이 정말 철없는 소리이기만 할까요? 몇 년 새 그것들을 현실로 만들어 낸 이들이 이미 많아졌습니다. 기성 세대의 관점에서는 사무실에서 주 5일 일하는 것만이 정상적인 일이고 안정된 삶일 것입니다. 하지만 디지털 노마드의 삶이 담긴 책에 쏟아지는 전 세계적인 관심을 보며 위에서 언급한 '일에 대한 고정 관념을 깬 다양한 상상'이 이미 가까이 다가온 미래라는 생각이 들었습니다.

《나는 4시간만 일한다》의 저자 팀 페리스(Tim Ferris)는 부푼 꿈을 안고 입사한 IT 회사에서 하루 14시간씩 일하고도 해고를 당하는가 하면, 자신이 창업한 회사에서 일주일 내내 하루 12시간씩 쉬지 않고 일해야 하는 고된 상황을 견딜 수가 없었습니다. 그래서 그는 완전히 새로운 일과 삶의 방식을 찾고 있었죠. 가장 중요한 일 외의 많은 일들은 아웃소싱(외부에 의뢰하는 방식)하고, 살고 싶은 곳에서 살고, 일하고 싶을 때 일하면서 살아갈 자유를 선택했습니다. 이후 그에게는 '일주일에 4시간만 일하면서도 한 달에 4만 달러를 버는' 신기한 일이 벌어졌습니다. IT 호황기였던 당시에 페이스북, 알리바바, 우버 등 세계 최고 혁신 기업의 초기 투자자이자 컨설턴트로서 엄청난 수익을 올렸기 때문입니다. 게다가 그가 쓴 네 권의 책은 모두 아마존과 뉴욕타임스 베스트셀러 목록에 올랐거든요. 물론 그가 운이 굉장히 좋았음을 인정해야겠지만, 여기서 우리가 배워야 할 것은 '스스로 선택하는 삶'을 주체적으로 기획하고 그것을 실천으로 옮겨 변화를 만들어냈다는 점입니다.

  N잡 대모험은 단 하나의 정답을 찾는 과정이 아닙니다. 살던 대로만 생각하다 보면 남들이 만들어 놓은 것들에 그저 놀라기만 할 것입니다. 어떤 것을 진정으로 꿈꾼다면 구체적인 계획을 세우고, 그것을 용기 있게 이끌고 나갈 의지로 어떻게든 방법을 찾아봐야 합니다. 아무것도 하지 않으면서 머릿속으로 생각만 하는 사람은 할 수 없는 이유들만 떠올리고 있을 테지만, 자신이 원하는 바를 알고 행동으로 옮기는 사람은 조금씩이라도 삶에서 변화를 만들어 가고 있을 테니까요.

생애 전반에 걸쳐
변신하다

10대 때 뉴스를 통해 누군가는 '메이저리그에 진출'하였고, 누군가는 '빌보드 차트에 음원을 진입'시키는가 하면, 또 누군가는 '전 세계인으로부터 사랑받는 책을 출간'했다는 등 다양한 소식들을 접하며 자극을 받고는 했습니다. 그때는 뉴스 속 주인공들 대부분이 '나보다 나이가 많은 사람이니 나에게는 아직 시간이 많이 남았다'는 사실에 용기백배하기도 했죠. 시간이 흐를수록 마음이 조급해질 때도 있었지만, 이제는 그런 조바심은 접어두었습니다. 대신 'The best is yet to come. (최고의 순간은 아직 오지 않았다.)'라는 말에서 용기를 구하게 되었습니다. 각각의 일들을 크고 작은 점이라 생각하며, 그 사이의 연결 고리들을 만들어 나가다 보면, 그리 대단한 사람은 아니더라도 분명 즐겁고 의미 있게 살아가고 있을 테니까요.

봄, 여름, 가을, 겨울 계절마다 꽃은 다르게 핍니다. 한 인기 개그맨이 강연에서 이 꽃들에 인생을 비유한 이야기가 오래도록 머리에서 떠나지 않았습니다. 우담바라처럼 3천 년 만에 한 번 피는 꽃이 있는가 하면, 죽기 전에 한 번 피는 꽃도 있다고 합니다. 이런 꽃들처럼, 누구에게나 인생의 꽃이 피는 시기는 다 다르니 희망을 품고 살아가자는 메시지였습니다. 누군가가 나보다 일찍 꽃을 피웠다 해서 '나는 꽃이 아닌가?' 실망하지 말라고요. 살면서 만나는 모진 비바람조차도 우리를 영글고 익게 만드는 것들이라 생각하며 기다리면 모든 순간이 의미 있게 느껴지지 않을까요? 꽃이 활짝 피어날 최고의 순간은 아직 오지 않은 것일 뿐이니까요.

최종 목표는 멋있는 할매, 할배 되기

일흔의 나이에 전성기를 구가하고 있는 유튜버 박막례 할머니, 어려운 가정 환경과 이혼, 사별 등 굴곡진 인생을 버텨 내고 98세에 첫 시집을 발간한 시인 시바타 도요 할머니, 20년간 순댓국집을 운영하다 모델이 되고 싶었던 젊은 시절 꿈을 끝내 이룬 시니어 모델 김칠두 할아버지, 54세에 그린 호빵맨이 60세가 넘어서야 인기를 얻어 세상에 이름을 알리기 시작했던 야나세 타카시 작가, 67세에 수채화 화가로 데뷔한 박정희 할머니, 81세에 아이폰 게임을 개발한 와카미야 마사코 할머니 등 이들의 네버 엔딩 N잡 대모험은 '아름다운 꽃을 피워내기 위한 도전을 포기하지 않는 이상 모험은 결코 끝나지 않는다'고 말해 주는 것만 같습니다.

스웨덴의 카타리나 잉엘만순드베리(Catharina Ingelman-Sundberg) 할머니 역시 변신의 귀재입니다. 할머니는 해양 박물관에서 근무한 수중 고고학자, 스웨덴 일간지 기자를 거쳐 64세에 베스트셀러 작가가 되었거든요. 그녀는 침몰한 배에서 유물을 찾아내는 수중 고고학자로 인생 대부분을 바닷속에서 살았답니다. 의사가 되기 원했던 부모로 인해 마흔이 넘어서야 자유로워진 그녀는 특유의 유머 감각과 글솜씨로 42세에 작가가 되었습니다. 노년에는 연금으로 살아가기 부족해지자 글을 써 보라는 주변의 권유로 역대 베스트셀러들을 읽으며 비결을 연구하였습니다. 그 끝에 탄생한 작품이 바로 노인 범죄 소설 '메르타 할머니' 시리즈입니다. '답답한 요양원에 사느니 차라리 감옥에 들어가는 게 낫겠다!' 외출은커녕 간식도 못 먹게 하는 스웨덴의 요양원에서 강도단을 결성한 메르타 할머니와 4명의 친구들의 요절복통 이야기입니다. 전 세계 40여 개국에서 번역되면서 200만 부가 팔리고, 스웨덴 공영 방송 드라마로도 만들어질 정도로 큰 사랑을 받았습니다.

여기서 재미있는 건, 글쓰기와는 아무런 상관이 없을 것 같은 '고고학자로 살았던 할머니의 경험'이 큰 역할을 했다는 건데요. 할머니는 노인 강도단이 은행을 터는 장면을 평범하게 쓰고 싶지 않았다고 합니다. 재미있게 쓰기 위해 6주 넘게 고민을 거듭한 끝에, 쓰레기 수거차로 금고 속 돈을 파이프를 통해 후루룩 빨아들이는 방식을 이야기에 써먹기로 했답니다. 그리고 현직 경찰들의 아이디어를 참고해 금고실 천장을 뚫는 것으로 설정했는데, 그러려면 은행 건물들의 구조를 창문, 계단까지 샅샅이 조사해야 했습니다. 건물 도면을 찾아보며 연구했던 전직 고고학자 시절의 경험을 백분 살릴 수 있었던 것입니다. 앞서 여러 차례 강조했던 '연결의 힘'이 떠오르는 대목이죠. 여러분의 삶에서도 다양한 경험은 전혀 관련이 없는 듯 보여도 어떤 형태로든 이렇게 연결될 것입니다.

잉엘만순드베리 할머니는 엉뚱하고 기상천외한 에피소드를 보여주는 데 그치지 않고, 전직 기자 출신답게 사회 문제를 꼬집는 역할까지 빼놓지 않았는데요. 흔히 복지 천국으로 알려진 스웨덴에도 여전히 가난한 사람들이 많고, 정권이 바뀌면서 노인 요양 시설 예산이 크게 줄어 감옥보다도 못한 곳으로 전락한 현실을 소설을 통해 고발하고자 했던 것입니다.

그녀가 한국에 와서 진행된 인터뷰에 인상 깊은 말이 있습니다. 일찍 대성하는 작가의 경우 본인의 이야기를 3년 정도 쓰다가 더 이상 책을 내지 못하기도 하지만, 마흔 살 넘어 책을 쓰기 시작한 사람들은 이미 자기 안에 갖고 있는 이야기가 많기 때문에 쓸 거리가 무궁무진한 경우들을 본다고 말이죠. 그러면서 자신도 '뇌가 잠을 자지 않는 것 같다'며, 언제나 쓸 거리에 대한 아이디어가 넘친다고 말했습니다. 베스트셀러 작가가 된 후 더 이상 늙는 것에 대한 두려움이 사라지고, 되레 어떻게든 살아남을 수 있다는 자신감이 생겼답니다. 수중 고고학자, 스웨덴 일간지 기자, 그리고 베스트셀러 작가로의 그녀의 N잡 대모험은 여전히 현재 진행형입니다.

새로운 세상에서의 파도타기

NEWS

인공 지능 시대, 살아남게 될 직업은?

정규직의 종말? 10년 후 세계 인구 절반이 '프리랜서'

이구백(이십대 90% 백수), N포 세대(연애, 결혼, 출산 등을 포기한 세대) 대책마련 시급해

암담한 퇴직 후 20년… 40대부터 재취업 설계

앞으로 다가올 시대를 '불확실성의 시대'라 부르는 것을 한 번쯤 들어 보았을 것입니다. 급격한 기술의 발달을 비롯해 제도, 정책, 트렌드, 환경 등 미래 직업 세계의 변화에 영향을 미치는 요소는 한두 가지가 아니어서 그 누구도 미래를 약속받을 수 없는 세상에 살고 있습니다. 그렇기에 우리는 이전과는 다른 방식을 택해야 하는 기로에 놓여 있습니다. 마치 유연한 서퍼가 넘실대는 파도를 즐기며 타듯, 세상의 변화를 읽고 자신의 방식대로 세상을 헤쳐 가야 할 것입니다. 아무도 정답을 모르기 때문이죠. 그 여정을 즐길 수 있는 유일한 방법은 자신을 믿고 자신이 선택한 길을 자기 속도에 맞게 달리는 일일 것입니다.

세상의 변화를 읽고, 나만의 방식대로 파도타기

이런 흐름을 잘 읽어 미국의 전자 제품 제조 회사에 입사한 한 취업 준비생의 이야기를 해 보려고 합니다. 대학 졸업을 앞두고 있던 그는 국내 대기업 S사의 인턴에는 채용되었지만, 정규직 전환 과정에서 안타깝게 탈락했습니다. 그는 평소 나라, 지역마다 랜드마크를 자신만의 아이콘으로 만드는 작업을 좋아하는 청년이었습니다. 예를 들면 프랑스 파리의 에펠탑, 미국 자유의 여신상, 호주 시드니의 오페라 하우스처럼요. 그는 대기업 입사 실패에 기죽지 않고, 자기가 좋아하는 미니멀리즘 아이콘을 제작해 세계 디자이너들이 포트폴리오를 올리는 한 SNS에 공유했습니다.

그러자 놀라운 일이 벌어졌습니다. 2013년 10월 1일에 업로드한 작품에 몇 개씩 댓글이 달리다가 해가 바뀌어 2014년 1월에 그의 작업물을 본 국내외 디자이너들이 '굉장하다'는 피드백을 남기기 시작한 것입니다. 심지어 세계적인 그래픽 디자이너이자 디자인계 스티브 잡스라는 별명을 가진 로드 아일랜드 디자인 스쿨(Rhode Island School of Design)의 총장 존 마에다(John Maeda)가 그의 작품을 자신의 SNS에 공유하는 일생일대의 사건(?!)이 발생합니다.

디자인계의 가장 영향력 있는 이의 인정에 그의 작품은 입소문을 타기 시작했고, 세계적 기업 에어비앤비(Airbnb), 엘프(Yelp) 등에서 수많은 러브콜을 받기에 이르렀습니다. 이메일과 영상 통화로 이야기를 주고받다 면접을 보러 오라고 왕복 비행기 표를 보내 주기까지 했습니다. 생각지도 않았던 세계 최고 기업으로부터의 스카우트 제의, 해외 취업이 현실이 된 것입니다. 그의 작품과 전 세계 디자이너들의 반응은 온라인*을 통해 살펴볼 수 있습니다. 외국 디

★ https://www.behance.net/gallery/11228527/touristic-icon-design

자이너들의 호평과 함께 '성지 순례'를 왔다는 한국인들의 재미있는 댓글도 눈에 띕니다.

제가 이 사례를 여러분에게 소개한 이유가 있습니다. 이렇게 좋아하는 일을 놓지 않고 꾸준히 하다 보면 그것이 나중에 기술과 만나 새로운 미래를 만들 수 있다는 이야기를 하고 싶어서입니다. 특히 이 과정이 전통적인 구인 시스템이 아닌 SNS를 통해 이루어진 것에 주목해 볼 필요가 있습니다. 유학이나 어학연수 경험도 없었지만 새로운 미디어를 잘 활용해 이렇게 생각지도 못한 기회를 잡을 수 있었던 것입니다. 지금 우리는 SNS를 통해 세계가 하나로 연결된 세상에 살고 있으니까요.

넘실대는 파도에 두려워하기보다는 아름다운 바다를 감상하며 파도에 올라타 즐길 수 있는 태도가 우리에게 필요합니다. 그러려면 세상의 변화를 읽고, 자신의 방식대로 파도 타는 법을 익히고, 함께 조화롭게 살아나갈 방법을 찾아야 할 것입니다.

미래 직업 세계의 변화에 대처하는 우리의 자세

하나, 과거로부터 현재에 이르기까지 세상의 변화를 살펴보았으면 합니다. 시간의 흐름 속에서 다양한 직업이 생성하고 소멸해 왔거든요. 그 속에서 미래를 보는 눈을 키워 나가야 합니다. 1969년 우리나라 최초의 직업 사전이 발간되어 3,260개의 직업명이 발표된 이래 2016년에는 15,537개까지 늘어났습니다. 자신이 알고 있는 몇 개 안 되는 직업 중 하나를 섣불리 선택하기보다는 직업 세계의 변화에 대해서도 좀 더 면밀히 살펴볼 필요가 있습니다.

둘, 청소년이 도전해 볼 만한 신직업에 관심을 가져 보세요. 국가는 신직업을 발표*하여 생애 시기별로(청소년/3050 여성/중장년), 출신 분야별(인문사회계열/이공계/경영학 전공자 등)로 참고할 수 있게 제시하고 있으니, 이를 참고해 보길 바랍니다.

미래 청소년들이 도전하면 좋은 직업

인공지능 전문가, 감성인식기술 전문가, 정밀농업기술자, 홀로그램 전문가, BIM(빌딩정보모델링) 디자이너, 빅데이터 전문가, 녹색건축 전문가 등

풍부한 인생 경험을 토대로 중장년층이 도전하면 좋은 직업

전직지원전문가, 산림치유지도사, 노년플래너, 가족상담사, 신사업아이디어컨설턴트, 생활코치, 정신대화사 등

★『미래를 함께할 새로운 직업』, 한국고용정보원 발행, 10쪽

새로운 아이디어를 더해 창업이 가능한 직업

기업 컨시어지, 노년 플래너, 사이버 평판 관리자, 기업프로파일러, 영유아 안전장치 설치원, 매매 주택연출가, 주변 환경정리전문가, 애완동물행동상담원, 신사업 아이디어컨설턴트, 그린 장례지도사, 생활 코치, 정신대화사 등

이공계 출신이 진출하면 좋은 직업

온실가스 관리컨설턴트, 녹색건축 전문가, 사이버 평판 관리자, 디지털 장의사, 연구기획평가사, 연구장비전문가, 연구실안전전문가, 화학물질 안전관리사, 과학커뮤니케이터 등

경영학 전공자가 진출하면 좋은 직업

소셜미디어 전문가, 사이버 평판 관리자, 디지털 장의사, 신사업아이디어컨설턴트, 기업 프로파일러, 지속가능경영전문가, 기업 컨시어지, 생활코치 등

3050 여성에게 적합한 직업

산림치유지도사, 임신출산육아 전문가, 병원아동생활 전문가, 영유아 안전장치 설치원, 가정에코컨설턴트, 과학커뮤니케이터, 주변 환경정리전

문가, 애완동물행동상담원, 생활코치, 정신대화사, 수의사보조원(동물간호사) 등

셋, 내가 스스로 만드는 미래 직업인 창직(Job Creation)에 도전하세요.

1인 가정을 위한 VR 심리 치료사 / 문화재 복원 연구자 및 컨설턴트

맞춤형 보청기 디자이너 / 홀로그램 피라미드 레스토랑 운영자

착한 게임 개발자 / 3D 프린터 요리사

게임중독 치료사 / 바다 건축가

공부법 연구가 / 문화재 보호 과학자

향기 심리 치료사 / 노인 안전 관리사

우주 이동 개발자 / 멸종 위기 생물 관리자

사이버 활동 분석가 …

수업 시간에 반 친구들과 만들어 본 직업들입니다. 미래 사회가 어떻게 변화하더라도 '진로에 대한 말랑말랑한 상상을 통해 길을 만들 수 있다'는 자신감을 갖는 것이 중요합니다. 희망이 없다고 말하는 시대에 저는 여러분에게 용기를 심어주고 싶습니다. Chapter 3에서 모험을 위한 실천 방법을 함께 나눠 봐요.

Chapter

3

N잡러를 꿈꾸는
십 대를 위한
모험 가이드북

DISCOVER
나의 관심사를 발견하는 법

여러분에게는 좋아하거나 관심을 두고 있는 무언가가 있나요? 이미 그것을 발견했다면 바로 모험이 시작될 수 있습니다. 국적도, 성별도, 관심사도 다 다르지만 10대에 모험을 이미 시작한 친구들의 이야기를 들려줄게요. 흔히들 커서 뭐가 될 거냐며 '장래 희망'이 뭔지 물어 보는데, '지금 희망'을 이미 실천하고 있는 친구들의 이야기를 들어 보면 나도 빨리 관심사를 찾아보고 싶다는 마음이 들 거에요. 좋아하는 것을 발견하는 순간은 앞으로 이야기 할 카를로스처럼 마치 운명과 같이 어느 날 갑자기 다가올 수도 있습니다.

카를로스 페레즈 나발(남, 스페인, 모험을 시작한 나이: 4)은 운이 좋았습니다. 4살 때 자신이 좋아하게 될 대상과 만나게 되었거든요. 여행을 좋아하는 부모님을 따라다니다 자연에 흥미를 느끼게 되었습니다. 처음 소년의 손에 쥐어진 작은 카메라에 자신이 발견한 동식물 친구들의 모습을 담아보기 시작했습니다. 좋아하는 것을 발견한다고 해서 모두가 그 일을 꾸준히 이어가지는 못합니다. 처음엔 운이 따랐던 것이 사실이지만, 카를로스의 의지와 노력은 결코 꺾이지 않았습니다. 학교를 마치고 돌아오면 집 앞에 있는 동식물을 찍기에 바빴습니다. 멋진 사진을 찍기 위해 굳이 멀리 떠나지 않아도 일상 속에서 자신이 사랑하는 일을 만날 수 있었습니다.

하지만 카를로스처럼 처음부터 좋아하는 것을 발견하여 꿈꾸는 일을 시작해야만 한다고 생각하는 강박은 잠시 내려놓아도 좋습니다. 물론 좋아하는 일을 하게 된다면 금상첨화겠지만, 자신이 원하는 일은 아니어도 그 안에서 나름의 재미와 의미를 발견하며 살아가고 있는 사람들도 세상에는 꽤 많기 때문입니다. 처음엔 해야만 했던 일조차 오히려 좋아하는 일이 될 가능성도 열려 있으니 너무 조급해하지는 마세요. 10대의 나이에 자신이 뭘 원하고 좋아하는지, 잘할 수 있는지 완벽하게 안다는 건 불가능한 일입니다. 안다고 생각하더라도 나중에 나이가 들면서 바뀔 가능성도 높습니다. 그러니 당장 천직으로 삼고 싶을 만큼 좋은 일을 찾지 못했다고 괴로워

할 필요는 전혀 없어요. 대신, 나탈리처럼 자신의 현재에 집중하며 점으로 남을 지금의 경험들에 주목해 보세요. 심지어 그것이 나를 괴롭히는 문제일지라도요.

나탈리 햄튼(여, 영국, 모험을 시작한 나이: 19)은 중학교 2학년 때 집단 따돌림, '왕따' 피해자였습니다. 점심시간마다 혼자 점심 먹는 일이 괴로웠던 나탈리는 자신처럼 따돌림으로 상처받는 아이들이 없었으면 좋겠다는 마음을 갖게 됩니다. 그리고 피하지 않고 자신의 문제에 집중하기 시작합니다. 그 용기로 인해 자신의 인생에 중요한 점을 남길 일을 발견하게 됩니다. 자신처럼 왕따로 고통받는 이들을 도울 수 있는 무언가를 만들어 보기로 결심했으니까요.

버크베어(남, 미국, 모험을 시작한 나이: 11)는 원래 시리얼, 햄버거, 콜라, 과자 등 인스턴트 음식을 즐겨 먹던 평범한 아이였습니다. 그러던 어느 날 가족 여행을 통해 우리 식탁 위에 올라오는 음식들이 형편없는 환경에서 만들어지는 것이라는 문제를 발견하게 됩니다. 유전자를 조작한 씨앗과 생물, 농약이 가득 뿌려진 채소, 방사선을 쬐며 자라는 과일까지. 다큐멘터리, 책, 인터넷 등을 통해 공부하고 이 문제를 해결해 보고 싶다는 생각을 하게 됩니다.

이렇게 자신의 경험을 토대로 주위의 다른 사람들이나 생명체를 따뜻한 시선으로 바라보고 도와주려는 마음에서 모험이 시작될 수도 있습니다. 사회 문제에 관심을 두고 해결하려다 보니, 그것이 어느새 자신의 삶 깊숙이 들어온 셈이죠.

이어진(여, 대한민국, 모험을 시작한 나이: 12)은 경비원들을 해고하기로 한 아파트 주민들의 결정에 반대 의견을 갖고 있었습니다. 경비 아저씨들과 정이 많이 들었는데 그중 절반을 자른다는 건 옳지 않은 일이고, 더군다나 투표한 지 1년도 안 되어 결정을 번복하는 건 옳지 않다고 말했죠. 돈이 부족하면 입주민들이 조금씩 더 내면 되는 것이 좋겠다고 생각했고 자신이 할 수 있는 한 최선을 다해 아저씨들을 도울 방법을 찾기 시작했습니다.

김남규(남, 대한민국, 모험을 시작한 나이: 14)는 중학교 3학년 때 사회 소외계층의 어르신들이 비싼 촬영 및 인화 비용 때문에 영정 사진을 미리 찍어두지 못한다는 소식을 뉴스를 통해 접했습니다. 남규는 4살 때 돌아가신 할머니 생각이 떠올랐다고 말했습니다. 청소년들이 이 어르신들을 도울 방법을 찾게 되었고, 중학교 1학년 때 방송반 생활을 시작해 카메라로 사진과 영상을 담는 일을 배워 둔 경험을 살려보기로 결심하였습니다.

모험을 떠나기 전, 노트를 준비하세요

친구들의 모험은 이렇게 시작되었습니다. 여러분도 매일같이 만나는 일상을 낯설게 들여다보세요. 등굣길이나 점심시간, 석양이 지는 시간, 길거리에서 보는 다양한 포스터, 인터넷의 공모전 공고 등 모든 것들을 유심히 살펴보고, 그동안은 당연하게 받아들여지던 것을 다르게 바라보세요. 아직 모험의 소재를 찾지 못했거나, 더 많이 찾아보고 싶다면 함께 생각해 봐요.

자기 안의 무한한 가능성은 그저 가만히 들여다본다고 해서 안에서 저절로 발현되는 것이 아닙니다. 그것이 어떤 사건과 만나게 되었을 때 비로소 나타나게 되는데요. 그렇기 때문에 10대에는 특히 많은 분야에 관심을 두고 다양한 경험을 통해 진로 탐색을 해 볼 것을 학생들에게 권합니다.

무엇에 관심을 가져야 할지조차 감이 안 온다면, 자신을 둘러싼 세상의 모든 것에 눈과 귀를 열어 보세요. 우연히 버스에서 듣게 된 노래 한 소절, 좋아하는 만화 주인공이 신은 운동화, 공작새의 아름다운 날개 무늬, TV 다큐멘터리에서 본 동물들, 책 속의 글귀, 선행 시민의 미담, 친구의 농담 등 의외로 우리 가까이에 있습니다. 우연히 본 것, 들은 것, 생각한 것, 느낀 것들이 조합을 이루어 그 자체로 좋은 아이디어가 되기도 합니다. 또한 그것들이 글의 소재나 사진, 그림, 디자인, 코딩 등 영감을 주는 각종 창작의 재료가 되기도 하죠.

N잡 모험을 위해 몇 가지 예시를 소개해 보도록 하죠. 여러분도 관심사를 기록할 수 있는 노트를 하나 준비해 보세요. 요즘은 온라인 공간을 많이 활용하니 SNS가 될 수도 있겠군요. 모험가의 자세로 새로움에 도전해 보려는 마음가짐만 단단히 준비하면 된답니다. 부족한 건 차차 채워가자고요.

- 매일 같은 자리에서 하늘 사진 찍기
- 인류 최초의 비행과 항공의 역사에 대해 공부하기
- 날씨에 관한 영어 이디엄 찾아보기
- 하늘과 관련된 시나 노래 가사 써 보기

#하늘

- 인공 지능 관련 영화 리뷰
- 로봇 모형 조립
- 로봇과 인공 지능 관련 자료 스크랩
- 종이와 연필로 언플러그드 코딩 로봇 만들기

#인공지능로봇

- 기억에 남을 특별한 팬레터 보내는 법 연구
- 자주 듣던 음악 말고 안 듣던 음악 들어 보기
- 관심있는 가수, 작곡가, 작사가, 프로듀서 등의 음악, 정보 수집하며 범위 넓혀 보기

#덕질 #엔터테이너

- 용돈 모아 신메뉴 맛보고 SNS 리뷰 남기기
- '내가 카페를 연다면?' 카페 콘셉트, 위치, 인테리어, 메뉴판 등 상상해 보기

#예쁜카페

- 동물 보호소 봉사활동
- 임시 보호(임보)하면서 돌봐 주기
- 반려동물 간식 만드는 법 배우기
- 동물 보호소에 관련 용품 지원하기

#반려동물 #수의사 #동물복지활동가

- 친구들이랑 심리 TEST 해보기
- 심리학 분야 베스트셀러 읽기
- 심리학 분야 유명 학자 찾아 보기

#심리학자 #심리상담가 #심리

- 친구들 고민 상담
- 인기 있는 이성 친구 비결 분석해 보기
- 절친과 교환일기 써 보기

#수다떨기

- 기사 스크랩
- 언론사나 청소년 매거진에 독자 투고
- 사회 이슈에 대해 친구들 혹은 가족과 찬반 토론해 보기

#사회이슈

- 차별 없는 세상 만들기
- 진정한 행복은 무엇일까?
- 좋아하는 일과 하고 싶은 일 사이의 균형을 만드는 법

#주제글쓰기

- 버스 타고 종점에서 종점까지 가 보기
- 게임 최고 기록 깨기
- 다리 찢기 유연성 테스트
- 기네스북에 오른 사람, 사물 등 조사해 보기

#나만의딴짓기네스북

★ 워크지1★ 나만의 관심사 기록하기

CONNECT
크고 작은 경험들을
연결하는 법

자신의 관심사를 발견한 10대들이 그 경험을 어떻게 연결해 갔는지 궁금하지 않나요? 성공한 사람들도 그 시작점에는 의외로 그리 거창하지 않은 작은 행동이 있었다고 알려집니다. 월트 디즈니(Walt Disney)는 창고에서 본 '생쥐 한 마리'에서 영감을 얻어 세계적인 캐릭터 미키마우스를 탄생시켰습니다. 마크 저커버그(Mark Elliot Zuckerberg)가 대학교 친구들과 교류할 목적으로 '하룻밤'에 만든 페이스북은 이제 전 세계인을 연결하는 SNS로 성장했습니다. 『빨강머리 앤』을 쓴 캐나다 작가 루시 모드 몽고메리(Lucy Maud

Montgomery)는 용기를 내어 자신의 '외로웠던 소녀 시절의 경험'을 주인공 앤을 통해 한 문장씩 써내려가기 시작했습니다. 지금까지도 전 세계 소녀들의 사랑을 듬뿍 받고 있는 '예쁘지는 않지만 사랑스러운 우리의 친구'는 그렇게 탄생했답니다. 10대 친구들의 모험기를 보면서 여러분의 작은 발걸음이 나중에 어떻게 이어질지 상상해 보세요.

여러분도 하나의 경험을 통해 점을 남기고, 그것들을 계속 연결해 보세요. 그 어떤 일도 의미 없는 경험은 없다고들 합니다. 당장은 관계가 없어 보이는 것들, 멀리 떨어져 있는 것들조차 하나씩 연결되어 자신도 예상하지 못한 다음의 길로 이어질 수 있습니다. 카를로스처럼 어렸을 적에 잠깐이라도 관심을 두었던 것을 떠올려 보세요. 그것이 여러분을 지금 여기로 데려왔을 수도 있고, 지금과는 또 다른 가능성을 열어줄지도 모릅니다. 기억에 남는 것이 없다면, 지금부터라도 일단 무엇이든 해 보세요. 무한한 가능성을 지닌 10대인 여러분에게 그 사소한 시도와 행동이 어떤 의미 있는 사건들과 만나게 될지는 아무도 모르는 일이니까요. 자신도 모르게 우연히 다음 단계로의 가능성을 열어 두었을지도 모릅니다. 그 가능성이 연결되어 여러분의 삶을 훨씬 더 풍요롭고 반짝이게 만들 것이라 믿습니다.

카를로스 페레즈 나발

- 스페인 북부 집 근처 돌 위에서 오후의 햇살을 즐기던 전갈을 촬영했습니다.
- 야생동물 사진작가상 공모에 작품을 출품합니다.
- 런던 자연사박물관에서 개최된 〈2014 젊은 야생동물 사진작가상〉 시상식에서 영국의 캐서린 왕세손비로부터 어린이 사진작가상을 받게 됩니다.

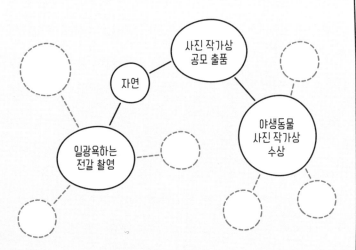

＃ 카를로스에게 배울 점 : 자신의 콘텐츠(사진)를 지속적으로 기획/제작한 점

 나탈리 햄튼

- 점심시간에 혼자 점심을 먹는 아이들의 고통을 덜어주기 위해 '휴대폰 앱'을 만들어야겠다고 생각합니다. 코딩에 대해 아는 것은 아무것도 없었는데도 말이죠.
- 그럼에도 본인이 구상하는 앱(Sit With Us(SWU) : 우리 같이 앉자.)을 직접 손으로 그렸습니다.
- 기획안을 완성하여 전문 개발자에게 의뢰한 후, 한 달간 베타테스트 기간을 거쳐 앱을 공식 출시합니다.

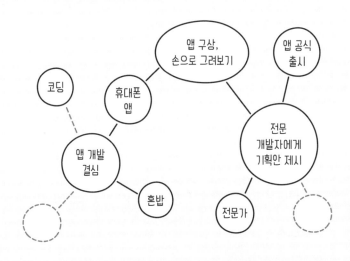

나탈리에게 배울 점 : 타인의 고통에 공감하여 기술을 활용한 IT 서비스 개발에 도전한 점

버크베어

- 햄버거와 콜라를 좋아하던 평범한 소년은 가족 여행 중 식탁에 올라오는 음식들이 유전자 조작, 방사선, 농약 등에 노출된 것을 알고 충격에 빠지게 됩니다. 바른 먹거리에 대한 책, 다큐멘터리, 검색 등을 통해 공부하기 시작합니다. 사람들에게 식품에 대한 지식을 정확히 알리고 올바른 음식을 골라 먹을 수 있게 돕고 싶었기 때문이죠.
- 친구들과 동생들에게 몸에 해로운 시리얼 대신 건강한 식품을 선택할 수 있는 방법을 알려 줍니다.
- TED 무대에서 산업화된 음식 시스템의 문제점에 대해 전 세계 사람들에게 알리고 큰 호응을 얻게 됩니다.

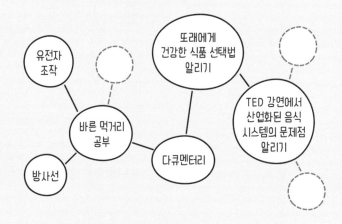

\# 버크베어에게 배울 점 : 독서, 경험을 통해 알게 된 바른 먹거리 선택의 중요성을 한 번에 한 명씩, 또래에 알리는 캠페인을 벌인 점

 이어진

- 주민들이 볼 수 있게 경비원들의 해고를 막자는 의견을 쓴 대자보를 붙입니다.
- 입주민들이 십시일반 조금씩 돈을 더 내면 되는 것 아니냐는 어진이의 말에 일리가 있다고 생각한 주민들의 뜻이 모였습니다. 그리고 경비원들의 해고는 없던 일이 되었습니다.
- 한 방송에서 양심 시민을 찾는 프로젝트에 소개되어 사회적으로 큰 반향을 일으킵니다.

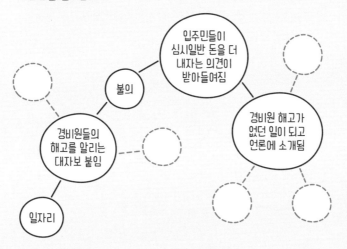

\# 어진에게 배울 점 : 불의를 보고 지나치지 않고 엘리베이터에 대자보를 붙이는 쉽고 간단한 방식을 택해 실천으로 옮긴 점

김남규

- 전문가들을 찾아가 영정 사진 촬영 방법에 대해 적극적으로 조언을 구합니다.
- 함께할 청소년 친구들을 모집합니다. 학업에 바빠서 많이 지원하지 않을 것이라는 예상과 달리 뜻밖에도 7:1의 높은 경쟁률을 기록합니다.
- 청소년 장기 프로젝트('청장프') 이름으로 전국 각지에서 모금 활동을 펼칩니다.
- 청장프 SNS 계정을 보고 기사를 써 준 기자, 무료로 촬영 장비를 대여해준 업체, 액자를 후원해주겠다는 NGO(비정부기구) 단체 등의 도움을 받게 됩니다.

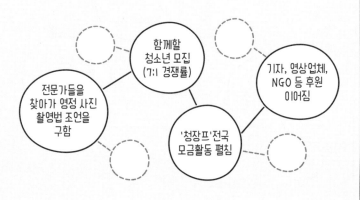

전문가들을 찾아가 영정 사진 촬영법 조언을 구함

함께할 청소년 모집 (7:1 경쟁률)

'청장프' 전국 모금활동 펼침

기자, 영상업체, NGO 등 후원 이어짐

남규에게 배울 점 : 청원(제안), 모금활동을 적극적으로 제안하고 실천

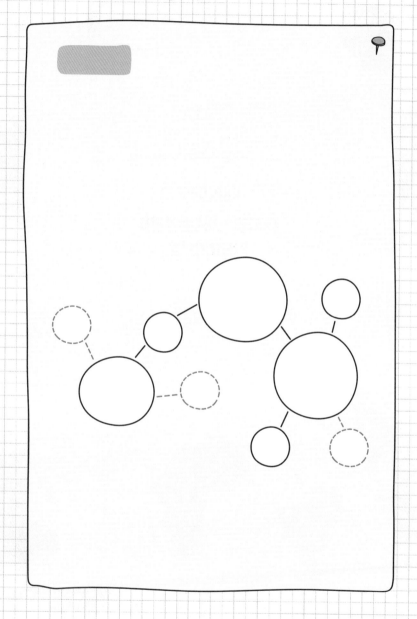

EXPLORE

디지털 노마드로의 길을
탐험하는 법

시간과 장소에 구애받지 않고 전 세계 어디서나 일하는 사람들을 '디지털 노마드(신유목민)'라 부릅니다. 메이크업 아티스트, 프로그래머, 기획자, 디자이너, 컨설턴트, 그림작가, 교육가 등 어떤 직업을 가졌더라도 마음만 먹으면 자신의 노트북, 스마트폰 등 디지털 기기를 이용해 어디서든 일하고, SNS를 통해 전 세계인들과 소통할 수 있는 세상이 되었죠. 여행 캐리어와 배낭을 들고 이번 달은 제주에서, 다음 달은 태국 치앙마이에서, 원하는 장소를 정해 일해보는가 하면, 오전엔 서핑, 오후엔 그림 작업, 자신이 원하는 취미 활동도 계획할 수 있죠.

원격 근무를 허용하는 회사들의 채용 공고를 한곳에 모아 놓은 한 사이트의 방문자는 매달 수십만 명에 이르며, 꿈같은 근무 환경을 일구는 사람들이 점차 많아지고 있습니다. 물론 그 자유로움만큼이나 여러 역할을 오가는 책임과 자기 관리가 철저하게 뒤따라야 하는 것도 사실이지만요. 전 세계를 무대로 활동할 자신의 모습을 떠올리며 어떤 나라에서, 어떤 일을 하고 싶은지 적어보세요. 언제쯤, 어떤 형태로 일할지까지도요.

연도	나라(도시)	하고 싶은 일	일의 형태	돈을 버는 방식
2035	대한민국 (서울)	수학 교사 +강연자 +(인공 지능 수학 주제) 논픽션 동화 작가	AM8~PM5 (평일) / 자유롭게 (주말)	월급, 강의료, 저작권료
2035	프랑스(파리)	향기를 감별하는 조향사, 여행 작가	탄력적 근무	월급, 성과급, 출판계약금
2035	미국(실리콘밸리)	IT 스타트업 창업	주7일 근무(업무 강도 높음)	서비스 이용료, 투자금

　이번엔 다시 망원경을 들고 멀리 내다보겠습니다. 현재 할 수 있는 일들을 해나가는 동시에 가까운 미래, 먼 미래를 넘나드는 것이죠. 앞서 여러분에게 일과 직업에 대한 고정 관념을 깬 상상을 해보기를 주문했습니다. 그때 어떤 상상을 하였나요?

📌 일과 직업에 대한 고정 관념을 깬 나의 상상

수의사인 나는 로봇 공학자인 아내와 함께 미국에서 매해 열리는 국제 과학 기술 컨퍼런스에 와 있다. 인공 지능을 비롯한 최신 기술 트렌드를 나누는 이 자리에 과학자들만 참여한다고 생각하면 오산이다. 의료, 금융, 스포츠, 교육, 예술 등 다양한 분야 종사자들이 참여해 AI가 어떻게 활용되고 있는지 사례를 소개하고 의견을 나눈다. 영광스럽게도 우리는 '반려동물의 분리 불안을 치유하는 인공 지능 로봇 활용법'에 대한 주제로 연설을 하게 되었다. 나는 수의사로서 반려동물의 건강과 생활 습관에 관한 유용한 데이터를 모으고 임상 치료 결과를 정리해 왔다. 로봇 공학자인 아내는 이를 바탕으로 반려동물이 외롭지 않게 함께 놀아주고 보살펴 줄 수 있는 인공 지능 로봇을 개발한 것이다.

성공적으로 발표를 마치고 우리는 인근의 해변을 찾아 서퍼들의 파도 타는 모습을 즐기며 칵테일을 한 잔 마시고 있다. AI 비서가 오늘 강연한 내용을 정리해 인터넷에 올려 주었고, 글을 올리자마자 전 세계 온라인 친구들이 궁금한 점을 남겼기에 일일이 질문에 대답해주었다. 우리는 내년에 연구 과정과 로봇 개발 과정을 책으로 써 선보일 계획이다.

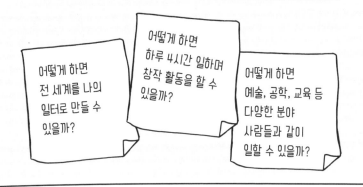

어떻게 하면 전 세계를 나의 일터로 만들 수 있을까?

어떻게 하면 하루 4시간 일하며 창작 활동을 할 수 있을까?

어떻게 하면 예술, 공학, 교육 등 다양한 분야 사람들과 같이 일할 수 있을까?

📌 일과 직업에 대한 고정 관념을 깬 나의 상상

DEVELOP
미래 직업을 만드는 법

"우리 애는 좋아하는 것과 잘하는 것이 달라요. 아이가 축구를 좋아해서 축구 선수가 되고 싶대요. 그런데 제가 보기에는 그 실력이 안 됩니다. 오히려 수학이나 과학을 잘해서 그쪽으로 키우고 싶은데, 무엇을 시켜야 할까요?"

한 부모님이 선생님에게 자녀의 진로 상담 시 질문한 내용입니다. 단순히 축구와 수학, 과학 중 하나를 선택하기보다는 둘을 다 살려 보는 방안은 없을지 되물었습니다. 아이가 좋아하는 것을 최대한 존중하면서 아이의 관심사인 축구와 재능을 보이는 수학, 과학을 연결하는 미래 직업을 함께 알아보는 시간을 가질 것을 제안했습니다. 스포츠 선수의 모든 것을 관리하는 데이터 분석가나, 아이의 상상력을 더해 첨단 IT 기술을 활용한 축구공을 만드는 스타트업 창업가, 스포츠 선수 전담 의료인, 스포츠 시뮬레이션 게임 개발자 등의 아이디어를 함께 나누기도 했습니다.

'행복은 내가 사랑하는 것, 잘하는 것, 세상이 원하는 것의 교차점에 있다'는 말이 있습니다. N잡 대모험에서 빠뜨릴 수 없는 또 하나의 변수는 바로 세상이 원하는 것, 기술의 발달과 세상의 변화입니다. 지금부터는 여러분이 현재 시도하고 있는 일들을 장차 미래 직업으로도 확장해 볼 수 있는 방법을 소개할게요.

자신이 현재 관심을 두고 있는 직업명(배우, 의사, 소방관, 공학자, 상담사, 작곡가, 가수, 외교관, 작가, 경찰, 프로그래머, 연출가, 요리사 등)에 세상의 변화를 이끌 기술들(인공 지능, 3D 기술, 우주 공학, IT, 드론 등), 사회 변화(여성 지위 향상, 고령화, 저출산, 인구 감소, 키덜트족 증가, 환경 문제, 착한 기업 선호 현상) 등을 더해 생각해 보는 겁니다.

작곡가(직업)+심리 치료사(직업)+키덜트 증가 (사회 변화)

−동심을 추억하게 하여 사람들의 심리 치료를 돕는 작곡가

프로그래머(직업)＋IT(기술)＋착한 기업 선호(사회 변화)

－착한 게임 개발자

경찰(직업)＋드론(기술)＋범죄 증가(사회 변화)

－범죄 예방 교육 기획자

－드론 안전 CCTV 공급자

이렇게 창조적 아이디어와 활동을 통해 스스로 새로운 직업을 만드는 것을 창직(Job Creation)이라 말합니다. 대표적인 창직 예시로는 바른 먹거리에 대해 알리고 교육하는 푸듀케이터, 인터넷상에 존재하는 고객의 악성 댓글이나 지우고 싶은 흔적을 없애주는 디지털 장의사, 집이나 사무실의 정리 정돈을 도와주는 정리 수납 컨설턴트 등이 있습니다. 특히 정리 수납 컨설턴트는 정리 정돈뿐만 아니라 시간, 돈, 인간관계에 이르기까지 그 영역을 확대하고, 관련된 도서를 출간하고 강연 활동을 하여 N잡 세계에서도 의미 있는 결과를 만들어가고 있습니다.

제가 상상해 본 직업은 현재에는 없지만, 가상 현실(VR) 가족 재회 프로그램 제작자입니다. 사고로 돌아가신 할아버지를 그리워하시는 할머니를 위해 가상 현실로 할아버지를 만나 이야기도 나누면 얼마나 좋을까 하는 생각에 가상 현실 가족 재회 프로그램 제작자라는 직업을 생각해 봤습니다.

반에서 창직 수업을 했을 때, 한 아이가 발표한 내용입니다. 아이다운 순수한 상상력과 최첨단 기술을 접목한 아이디어였죠. 그런데 이것이 결코 허무맹랑한 상상이 아니라는 점은 더욱 놀라웠습니다. 실제로 이런 유사한 실험이 진행되고 있었기 때문이죠. 가상현실 개발자인 알렉스 스마일의 치매 노인들을 위한 VR 프로젝트*가 바로 그것입니다. 그는 오랜 이웃이었던 90대의 할아버지, 할머니 부부가 치매로 집 밖을 나서지 못하는 상황이 안타까워 '가상 현실을 통해 두 분을 해변에 데려간다면 얼마나 좋을까' 상상하곤 잔잔한 해변을 가상 현실 화면으로 만들어 한 회사와 함께 VR 치료 프로그램을 만들었습니다. 이 영상을 보며 체험한 노인들은 실제로 바닷가를 거니는 것 마냥 콧노래를 흥얼거리는가 하면, 자신이 과거 날렵한 수영 선수였다고 자랑하기도 하였고, 자신의 과거를 기억해낸 환자도 있었다고 하니, 놀랍지 않나요? 여러분도 워크지를 활용해 아래처럼 창직을 해낼 수 있습니다.

기존에 존재하지 않았던 것, 아무도 생각하지 못했던 것, 세상을

★ 가상현실에서 '마음' 되찾는 치매 노인들, YTN PLUS 김지윤 모바일PD, 2017.2.5

이롭게 하는 것. 이 모든 것들은 상상하고 꿈꾸는 일에서 시작됩니다. 지금 여러분들이 관심을 갖고 시도하고 있는 크고 작은 일들이 장차 미래 직업으로도 확장될 수 있을 것입니다.

창직명 : 증강 현실 건축 여행 기획자 (AR Architecture Tour Guide)

(기존 직업, 강점, 사회변화, 미래기술, 하는 일 1개씩 반드시 포함)

증강현실

스토리 ▣　　어릴 때부터 나는 안목(관찰력)이 뛰어나단 말을 많이 들었다.

동화책에 나오는 옛날 성의 생김새는 물론, 많은 집들이 어떻게 지어졌는지에

대해 관심이 많았다. 그래서 인터넷을 뒤져 여러나라 집(건축물)의 모양들이

어떻게 다른지 하나하나 살펴보며 건축가들에 대해 조사하고 있다. 포켓몬

게임이 유행했는데, 그걸 보면서 AR(증강 현실)을 이용해 보통의 여행자들이

라면 그냥 스쳐 갈 여행지의 건축물, 유적 등에 대해 소개해 주면 어떨까 하는

생각이 들었다. 나는 전 세계의 건축물에 얽힌 역사와 문화 등을 소개하는 건

축 여행 기획자가 되고 싶다.

창직명 :

(기존 직업, 강점, 사회변화, 미래기술, 하는 일 1개씩 반드시 포함)

스토리 ⤵

KEEP WALKING
지속가능한 꿈을 꾸는 법

우리는 보통 '창의적'이라는 말을 세상에 없던 완전히 새로운 아이디어나 발명품을 개발했거나, 노벨상을 받을 정도로 인류의 역사를 바꾼 천재 정도나 돼야 사용할 수 있다고 생각합니다. 그런 사람들도 창의적이긴 하지만, 분명 우리에게도 창의성이 있습니다. 창의성에도 종류가 있기 때문입니다. 앞서 이야기한 발명가나 천재 타입의 혁신적 창의성을 빅C(Big creativity)로 부르는 한편, 일상생활에서 문제를 해결할 때 쓰는 창의성은 리틀C(Little creativity)로 부르는데요. 예를 들어 작지만 기발한 아이디어를 내거나, 감수성이 풍부한 시와 그림을 창작하는 등의 일상적 창의성이죠. 우리는 그간 빅C만을 강조하느라, 리틀C의 중요성에 대해 간과해 왔습니다.

이번 모험 가이드는 일상의 창의성인 리틀C를 키우고, 길게 내다보았을 때 혁신적인 생각을 싹틔울 빅C를 키우기 위한 것입니다. 빅픽쳐(big picture)를 그려 나갈 수 있는 스토리북을 준비했습니다. '빅픽쳐라니!' 어렵다는 생각이 든다면, 우선 청소년 포토그래퍼이자 사회 운동가인 김남규 친구의 스토리보드부터 살펴볼까요?(158쪽)

남규의 경험은 앞으로 어떤 N잡으로 연결될까요? 남규가 지금까지 걸어온 길은 미래의 직업 선택에 어떤 영향을 미치게 될까요? 이건 순전히 선생님의 상상이지만, 미래 직업에 관심을 가지다 드론 촬영에 흥미를 느껴 뉴욕에서 열리는 영화제인 '드론 필름 페스티벌'에 참가하게 된다거나, 어른들의 영정 사진을 찍어주는 소셜 벤처를 창업하거나, 협동 조합을 운영하는 일도 무척 잘할 것 같네요.

만약 이 일과는 전혀 상관없어 보이는 길을 택한다 해도 10대의 이 소중한 경험은 언제 어디서나 반짝반짝 빛나고 있을 것입니다. 여러분이 그리는 자신의 N잡 모험은 어떤 모습인가요? 여러분도 관심사를 발견한 후 현재까지 걸어온 길, 그리고 앞으로 걸어갈 길을 스토리보드에 담아 보세요. 이것은 여러분에게 펼쳐질 N잡 대모험의 스토리북을 완성하기 위한 중요한 밑그림이 될 것입니다.

☆남규의 두근두근 N잡 대모험 스토리보드☆

① 중학교 1학년 때
방송반에 가입하다.

② 중3 때 뉴스를 통해
영정사진을 찍지 못하는
노인들에 대한 소식을
접하다.

③ 전문가들을 찾아가
영정사진 촬영방법에
대해 조언을 구하다.

④ 함께할 청소년 친구들을
모집하다.

⑤ 학업에 바빠서 많이
지원하지 않을 것이라는
예상과 달리 뜻밖에도
7:1의 높은 경쟁률을
기록하다.

⑥ 청소년 장기
프로젝트('청장프')
이름으로 전국 각지에서
모금 활동을 펼치다.

⑦ 청장프 SNS 계정을
보고 기사를 써 준
기자, 무료로 촬영
장비를 대여해준 업체,
액자를 후원해주겠다는

NGO(비정부기구) 단체
등의 후원을 받다.

⑧

⑨

... To be continued

★ 워크지 5 ★ 두근두근 N잡 대모험 스토리보드

스토리보드 1 시간 순서대로 정리해 보세요.

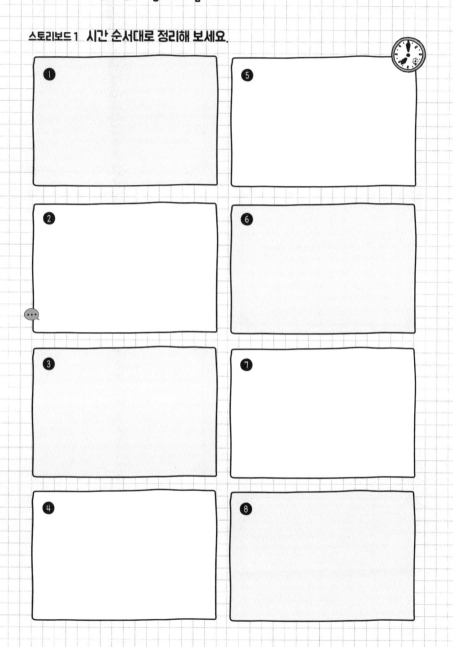

스토리보드 2   자신의 경험을 소중한 한 장의 사진으로 기록해 보세요.

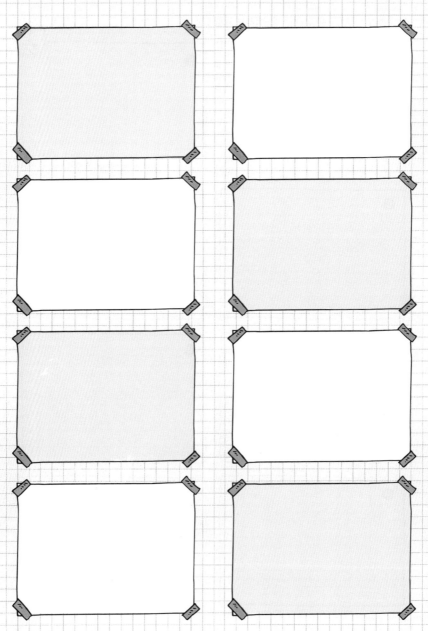

스토리보드 3 경험하면서 인상 깊었던 에피소드를 정리해 보세요.

스토리보드 4 자신의 경험 그리고 아직 경험하지 못했지만 머릿속에 떠오르는,
앞으로 해 보고 싶은 생각들도 함께 적어 보세요.

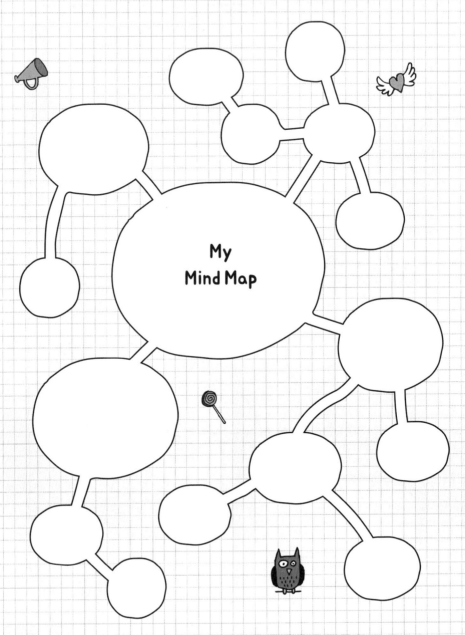

My
Mind Map

162

MINDSET

계속 성장할 수 있다는
믿음을 키우는 법

미국 컬럼비아 대학교 심리학과의 캐롤 드웩(Carol Dweck) 교수가 창안한 '마인드셋(마음가짐)'에 주목해 보세요. 그에 따르면 마인드셋(마음가짐)은 고정 마인드셋과 성장 마인드셋으로 나뉘는데, 실수를 대하는 방법과 그 경험을 통해 인생에서 무엇을 얻느냐는 그 사람이 어떤 마음가짐을 지녔느냐에 따라 완전히 달라진다고 합니다.

고정 마인드셋은 '태어날 때 지능은 이미 정해져 있기에 타고난 지능은 변하지 않는다'는 이론을 믿는 사고방식입니다. 이를 믿는 사람들은 자신이 하고 있는 일 외에 새로운 도전을 피하고 쉽게 포기하는 특징을 갖고 있어서 현재의 수준에 머물러 있거나 잠재력을 발휘하지 못합니다. 반면, 성장 마인드셋는 '지능이나 재능은 고정되어 있지 않고, 노력과 학습(훈련) 등을 통해 성장할 수 있다'는, 스스로를 믿는 사고방식과 태도를 뜻합니다. 설령 실수를 하더라도, 역경이 생기더라도 그 경험을 통해 배우고 성장할 수 있다고 믿기 때문에 잠재력을 발휘해 좋은 성과를 낼 수 있죠.

엄친아(엄친딸), 여신 미모, 뇌섹남(뇌섹녀), 신이 내린 재능, 만수르 등 타고난 부와 재능, 특징을 칭송하는 사회 분위기는 노력의 힘을 너무나 과소평가하는 것 아닌가라는 생각이 들 때가 있습니다. 인생은 원래 공평하지 않다는 것을 부정할 수 없습니다. 하지만 선천적으로 거의 모든 것이 정해져 있다고 여기는 많은 사람들의 생각과는 달리 사람의 매력이나 실력은 어떻게 가꾸어 가느냐에 따라 얼마든지 달라질 수 있다는 이야기를 하고 싶습니다. "지식과 재능은 나날이 발전하는 거야", "다른 사람들의 성공은 나에게 좋은 자극이 돼", "어려운 일은 시간이 걸리는 법이지", "나는 계속 배우고 도전할 거야" 자신에게 이렇게 말해 주세요. 늘 배울 점을 찾고 노력의 기회로 삼은 사람들이 끊임없이 성장하는 동안 출발선상이 달라 불리하다며 노력의 힘을 부정하는 사람들은 멈추어 서 있을 뿐일 것입니다.

빠르진 않아도 매일 성장하는 법

사람들이 보통 생각하는 성공은 일직선으로 굴곡 없이 쭉 뻗어있는 모습입니다. 그도 그럴 것이 책이나 미디어에서 누군가의 성공을 다룰 때 참으로 간단하게 설명하곤 합니다. 어떤 고난이나 역경이 있었더라도 끝끝내 잘 극복했다는 식으로요. 하지만 실제 어떤 일이 되어가는 과정은 구불구불하고 복잡한 모습입니다.

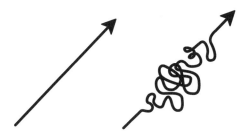

이야기 속 주인공들이 모험을 통해 새로운 눈으로 세상을 바라보거나 시련을 통해 한층 성숙해지는 것처럼 여러분도 매일 변하고 성장할 것입니다. 물론 우리가 걸어갈 그 길도 결코 쉽지만은 않을 것입니다. 첫술에 배부르지 않을 것입니다. N잡러로의 길에선 많은 일들 속에서 여러 역할을 오가야 하기에 일상 속에서 자기 나름의 규칙을 마련해 나가야 합니다. 불안한 미래 속에서도 뚜벅뚜벅 자신의 걸음을 걸어 나가야 할 것입니다. 그 한 걸음, 한 걸음을 응원할게요. 즐거운 모험이 되길 바랍니다.

평범한 일상을 마치 여행하듯 누려 보세요. 그리고 그 매일의 기록을 모아 보세요. 여행을 가면 그곳에서만 먹어 볼 수 있는 새로운 요리에 설레고, 낯선 골목길의 자전거 한 대에도 렌즈를 들이대며 작품 사진을 찍게 되잖아요. 자신을 칭찬하고 응원하면서, 때로는 다독이면서 하루하루를 기록해 보세요. 그 순간들은 여러분에게 새로운 세상으로의 모험을 안내할 것입니다.

모험을 위한 마법의 주문

- 나는 소중하다. 난 나의 1호 팬이다.
- 어떤 어려움도 함께 극복할 수 있다.
- 나의 발전 가능성은 무궁무진하다.

특명! 여러 개의 나를 상상하라.

학급 문집을 만든 경험을 토대로, 독립 출판물을 출판해 작가가 되는 나

싸웠던 친구에게 먼저 사과하는 나

오늘의 아하(A-ha!) 순간

'예전엔 인생 이모작, 요즘엔 인생 삼모작?!'이라는 제목의 신문기사를 읽음.
평균 수명이 증가하면서 평생 동안 3번은 직업을 바꾸게 된다는 내용.
나의 두세번째 직업은?

*관심 분야, 닮고 싶은 직업인, 오늘 새롭게 발견한 점, 딴짓 경험 등에 대한 메모를 적거나 자료를 붙이는 공간입니다.

오늘의 주요 모험

1.

2.

3.

수고한 나에게 한 줄 편지 ✦₊

DAY   Date   .   .

모험을 위한 마법의 주문

·

·

·

특명! 여러 개의 나를 상상하라.

오늘의 아하(A-ha!) 순간

오늘의 주요 모험

1.

2.

3.

수고한 나에게 한 줄 편지

하고 싶은 게 없다?
알고 보면 너무 많은 걸지도

"요즘 애들한테 물어 보면 하고 싶은 일이 없다는 10대가 태반이야."

이런 말을 들을 때면 고개를 갸우뚱하게 됩니다. 조금 질문을 가볍게 바꿔 보아도 그럴까요?

"어떤 거 좋아하니? 관심 있는 거 없어?"

처음엔 머뭇거리면서 잘 모르겠다고 머리를 긁적일지도 모릅니다. 하지만 하나씩 사소한 것들, 학교 앞 맛집, 반려동물, 게임, 좋아하는 연예인, 산책, 낙서, 음악, 캐릭터, 요즘 나온 영화 등 봇물 터지듯 쏟아지는 순간이 올 겁니다.

요리, 떡볶이, 축구, 피아노, 바다 여행, 독서, 수다 떨기, 이성 친구, 드라마, 낮잠, 먹방, 낙서하기, 하늘 사진 찍기, 수영, 피규어 수집, 딸기 홀릭, SNS에 짧은 글쓰기...

N잡러 대모험은 그렇게 시작될 수 있습니다. 지금 당장 그 대상이 없거나, 많지 않다 하더라도 실망하거나 낙담하지 마세요. 일상을 낯설게 바라보고, 엉뚱해 보여도 딴짓도 해 보고, 그 누가 뭐라 해도 내가 옳다고 생각하면 마음이 흘러가는 쪽으로 나만의 좋은 고집을 부려 보는 것도 나쁘지 않아요. 다행히도 하고 싶은 게 너무 많아 고민인 사람들에게 기회가 활짝 열린 시대는 이미 우리 곁에, 아주 가까이 와 있으니까요.

당장 '단 하나의' 나만의 천직을 찾지 못했다고 실망하지 마세요. 나이에 따라, 상황에 따라 관심사는 계속 달라질 수 있으니 그때그때 최선의 조합을 만들어 가 보세요. 자신을 말해 주는 단 하나의 관심사나 직업을 찾지 못했다고 낙심하기보다는 자신에게 적합한 조합들을 만들어가기 위해 계속하여 시도해 보는 겁니다. 당장은 생계를 위해 직장에 몸담되, 해 보고 싶은 일들에 대해 연구하고 도전해 보는 사람으로의 조합을 시작해 보는 겁니다. 현실에 충실하면서 좀 더 긴 안목으로 내가 좋아하는 일이나 환경을 만들어 나가는 것이죠.

확실한 한곳에 올인하는 전략이 통할 수도 있지만, 대다수의 사람들에게 처음부터 그러한 방식이 통하기란 쉽지는 않습니다. 게다가 원하건 원하지 않건, 여러분이 만나게 될 세상에서의 일자리는 대체로 불안정한 성격을 갖고 있어 한곳에 머물러도 되었던 이전과는 다른 선택이 필요합니다.

IT 업계에 오랫동안 몸담은 한 지인이 사석에서 이렇게 말했던 기억이 납니다. 그는 워낙 변화가 많은 불안정한 직업 전선에서 20여 년을 일하다 보니 현기증이 날 때가 많았다고 합니다. 그럼에도 그런 삶의 방식으로 변화에 유연하게 대응하며 살아오다 보니 자신의 몸 세포 깊숙이 끊임없이 새로운 일에 도전하고 기다리는 DNA가 후천적으로 들어와 있는 것 같다고요.

책 한 권을 내는 데도 수개월에서 수년간의 연구 개발 시간이 필요한데, 나를 만들어 가고 완성하는 과정이 결코 단순할 리 없습니다. 변화하는 세상 속에서 어떻게 나에게 맞는 일을 찾고 만들어 나갈지 각자의 내공을 길러야 합니다. 첫술에 배부를 리 만무하지만, 불안한 미래 속에서도 우리는 행복한 자신의 걸음을 뚜벅뚜벅 걸어 나가야 할 것입니다. 동시에 우리가 함께 살아갈 세상을 위한 대안은 무엇일지 같이 고민하고 부딪혀 나가는 겁니다. 두근두근 N잡 대모험, 시작해 볼까요? Ready, Set, Go!

PS.

The Journey is the reward. (여정은 그 자체로 보상이다.)

'N잡 대모험'을 자신이 주인공인 동화책을 만드는 과정이라 생각해 보세요. 책의 첫 장을 펼쳤을 때 어떤 장면이 나올지, 어떤 길을 선택하여 걸어갈지, 어떤 사람들과 함께하게 될지… 이 모든 모험기는 자신의 선택에 의해 만들어질 것입니다.

오늘 내가 걷고 있는 하루하루가 모여 나의 길이 됩니다. 사소한 모험과 꾸준한 실험으로 나날이 더 나은 모습으로 성장해 나갈 것입니다. 그 과정에서 숱한 시행착오와 실패도 겪게 되겠지만, 나 자신을 믿고 내게 맞는 방향과 속도로 뚜벅뚜벅 걸어 나가야 할 것입니다. 그렇게 나의 역사와 철학을 스스로 만들어 나가며 '최고 버전의 나'로 업그레이드되는 과정을 이 모험기에 담아 보세요.

여기서부터는 자신만의 모험기가 시작됩니다. 우선 모험기의 표지부터 만들어 보세요. 자신의 이름이나 별명 등을 넣어 제목도 정하고, 모험의 주제에 따라 표지도 꾸며 보세요. 그리고 이 모험의 주인공인 자신에 대해 독자들에게 알려 줘야겠죠? 그 다음에는 매일매일 자신이 모험 중이라는 사실을 잊지 않고, 다양한 발견, 생각, 아이디어를 기록하세요. Chapter 3에서 설명했던 워크지들을 모아 놓았습니다. 자신의 이야기를 담되, 감이 잡히지 않는다든가 난관에 봉착하면 Chapter 3의 사례들을 참고해 보세요. 여러분도 충분히 자신만의 이야기를 써 나갈 수 있을 것입니다. 그럼 이제 정말, Raedy, Set, Go!

의 모험

지음

이름   모험을 시작한 나이

생일   별자리

관심사

성격 장단점

매력 포인트

롤모델

좋아하는 책

좋아하는 영화

꼭 이루고 싶은 꿈

좌우명

★ 워크지1 ★ 나만의 관심사 기록하기

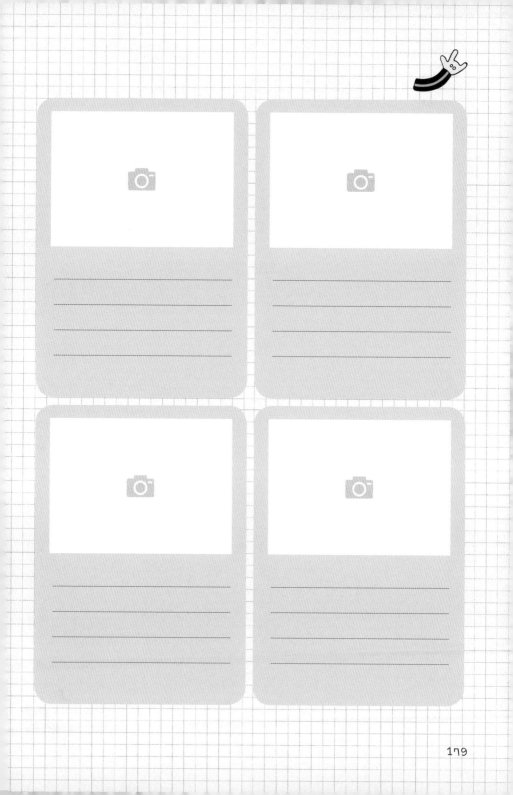

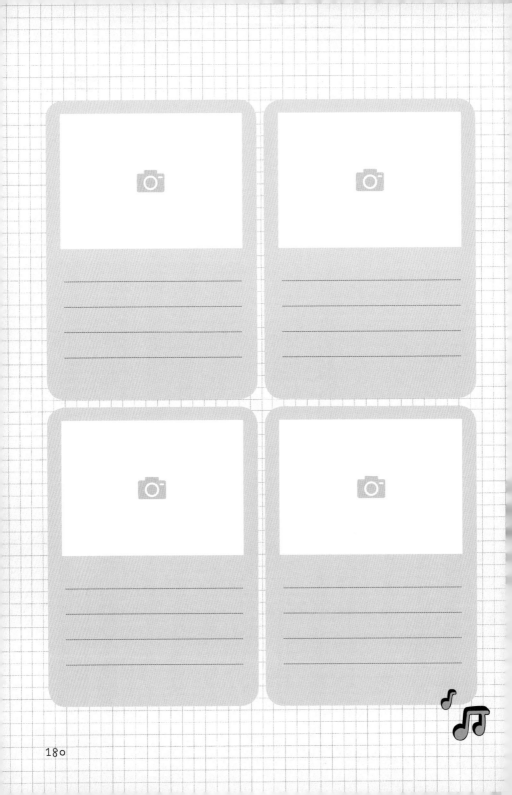

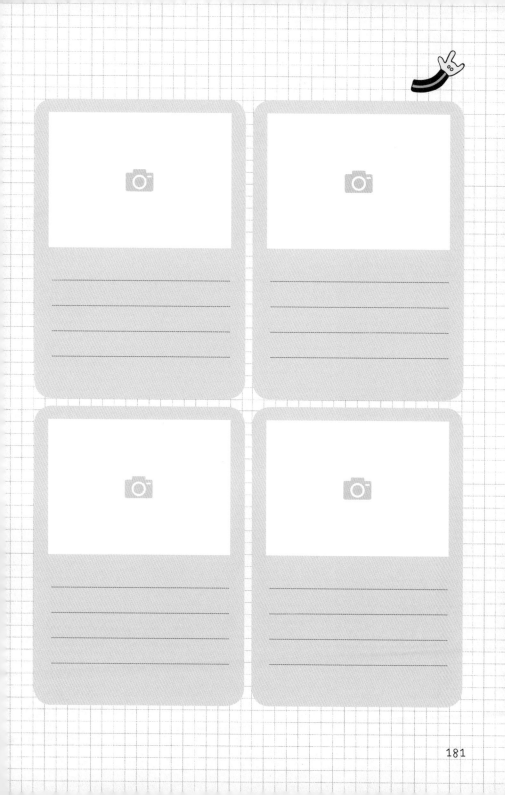

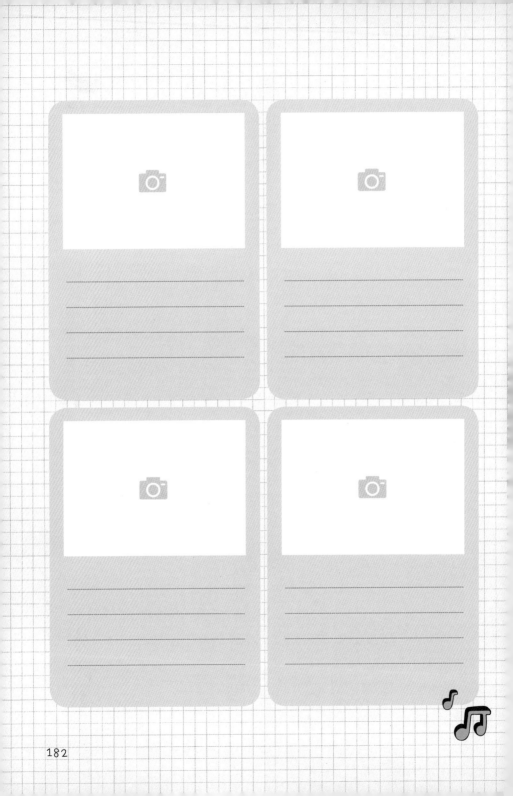

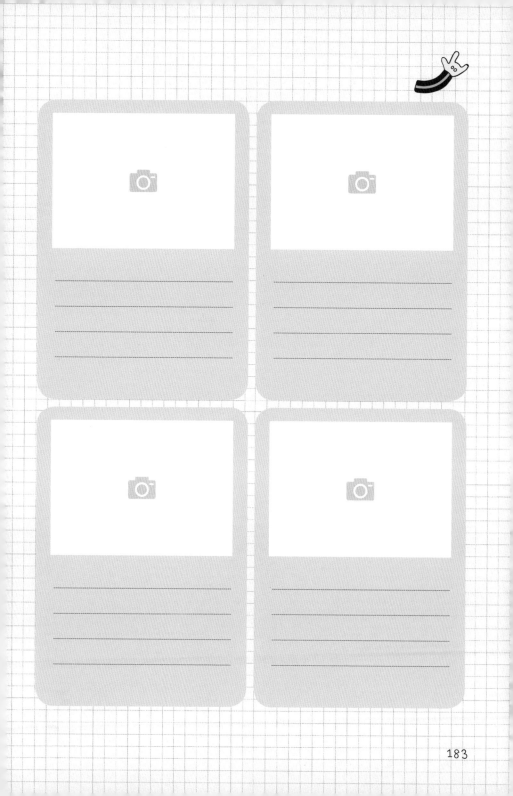

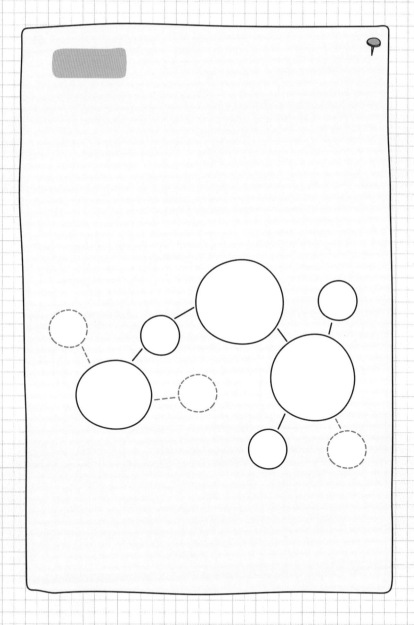

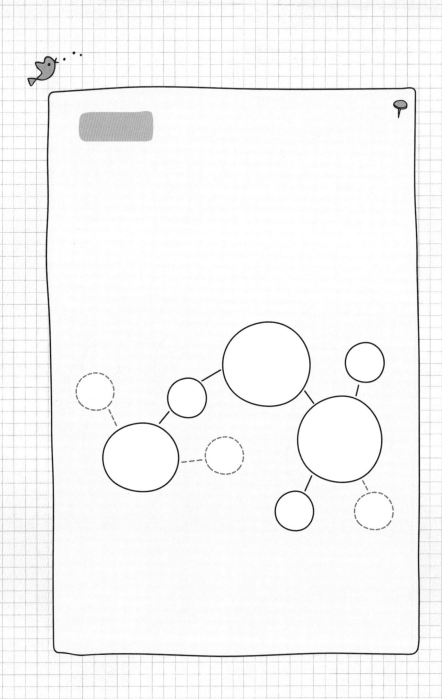

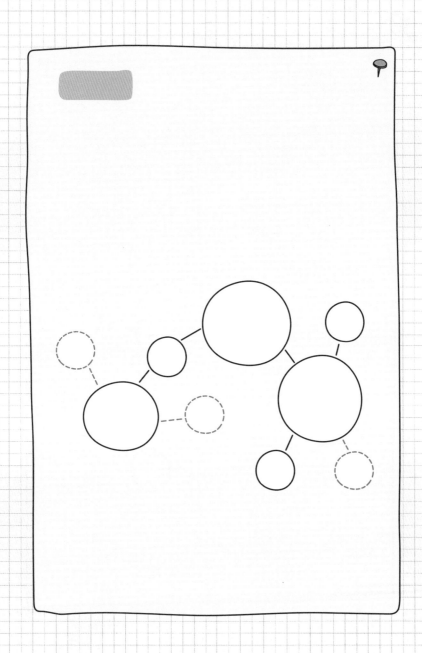

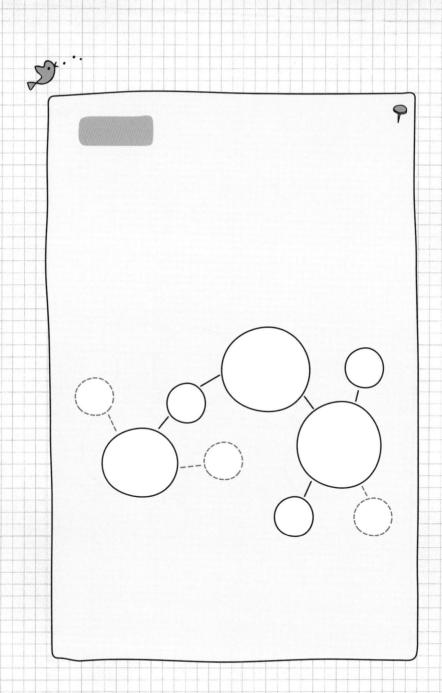

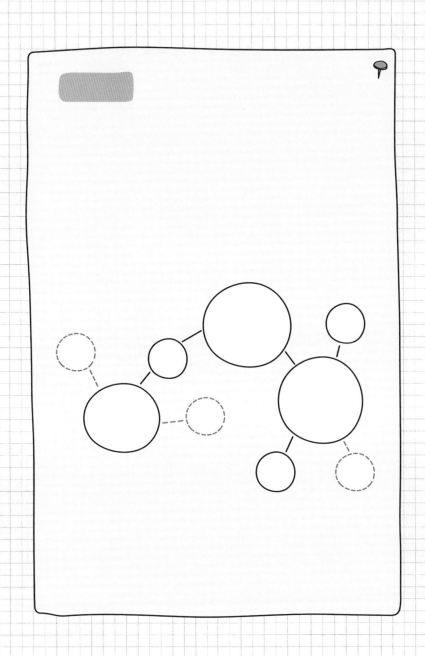

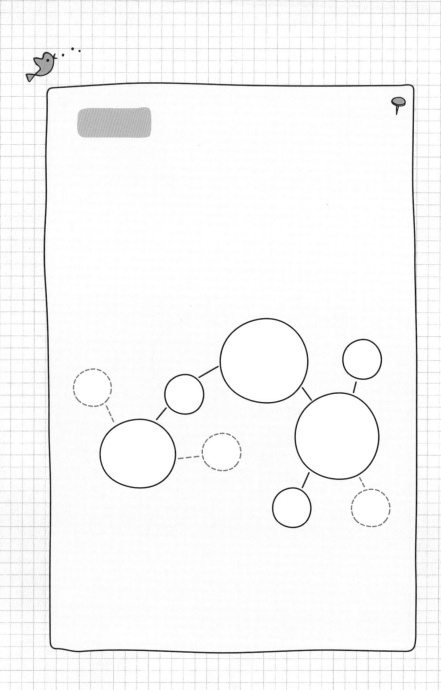

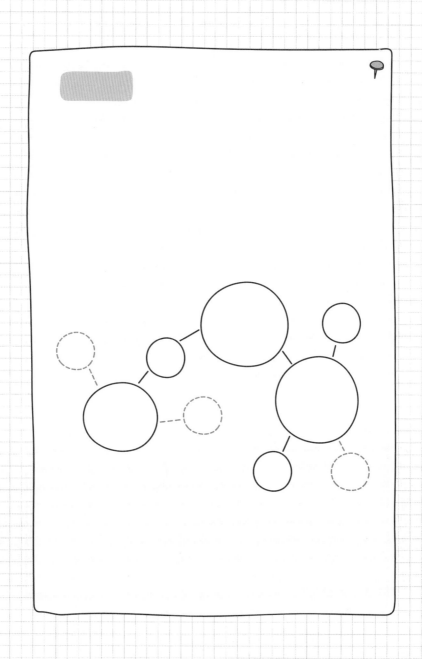

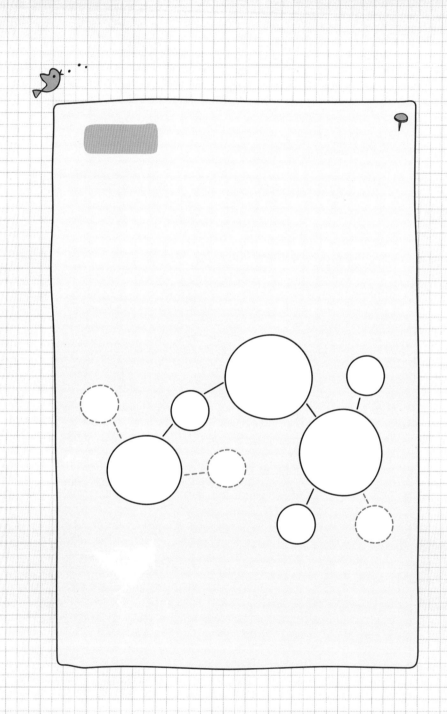

📌 일과 직업에 대한 고정 관념을 깬 나의 상상

📌 일과 직업에 대한 고정 관념을 깬 나의 상상

📌 일과 직업에 대한 고정 관념을 깬 나의 상상

📌 **일과 직업에 대한 고정 관념을 깬 나의 상상**

📌 일과 직업에 대한 고정 관념을 깬 나의 상상

📌 일과 직업에 대한 고정 관념을 깬 나의 상상

📌 일과 직업에 대한 고정 관념을 깬 나의 상상

📌 일과 직업에 대한 고정 관념을 깬 나의 상상

창직명 :

(기존 직업, 강점, 사회변화, 미래기술, 하는 일 1개씩 반드시 포함)

스토리 ➡

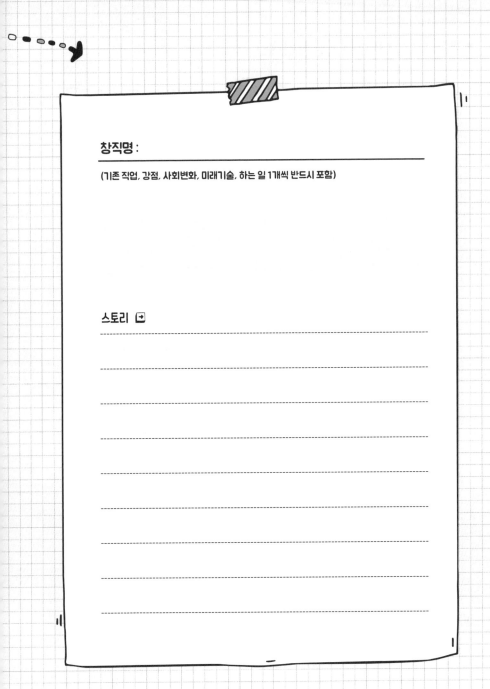

창직명 : _____

(기존 직업, 강점, 사회변화, 미래기술, 하는 일 1개씩 반드시 포함)

스토리 ▣

창직명 : _____

(기존 직업, 강점, 사회변화, 미래기술, 하는 일 1개씩 반드시 포함)

스토리 ➡

창직명 : _____

(기존 직업, 강점, 사회변화, 미래기술, 하는 일 1개씩 반드시 포함)

스토리 ▣

창직명 : _____

(기존 직업, 강점, 사회변화, 미래기술, 하는 일 1개씩 반드시 포함)

스토리 ➡

창직명 : _____

(기존 직업, 강점, 사회변화, 미래기술, 하는 일 1개씩 반드시 포함)

스토리 ➡️

창직명 : _____

(기존 직업, 강점, 사회변화, 미래기술, 하는 일 1개씩 반드시 포함)

스토리 ➡

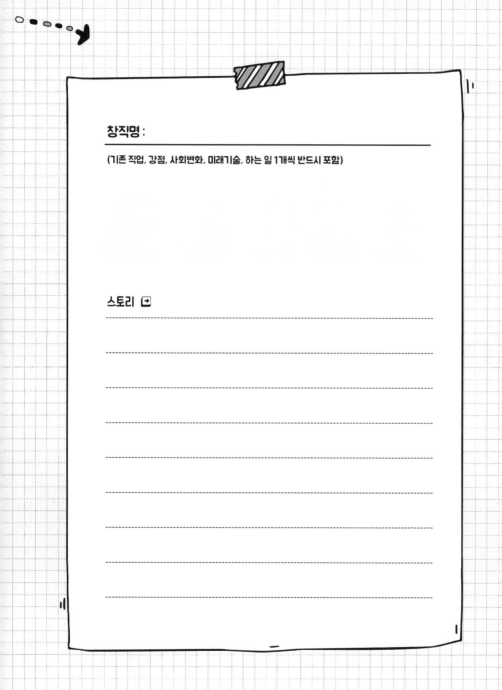

창직명 : _____

(기존 직업, 강점, 사회변화, 미래기술, 하는 일 1개씩 반드시 포함)

스토리 🔁

★ 워크지 5 ★ 두근두근 N잡 대모험 스토리보드

①

⑤

②

⑥

③

⑦

④

⑧

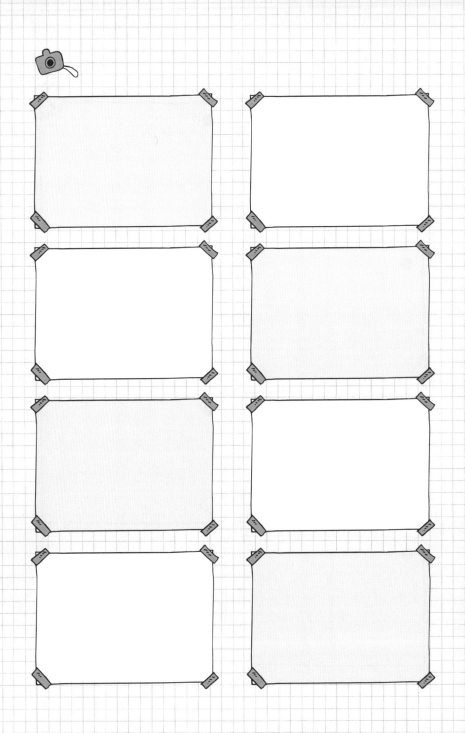

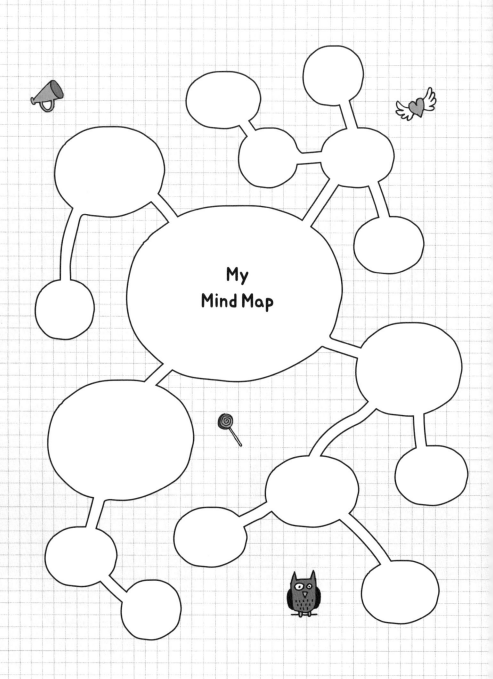

My
Mind Map

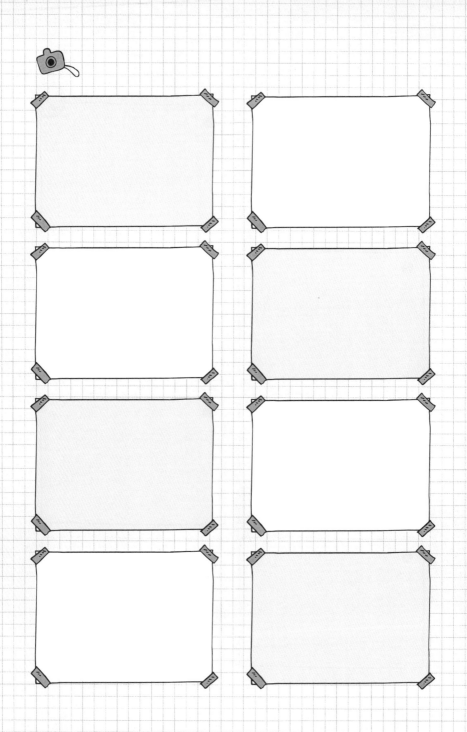

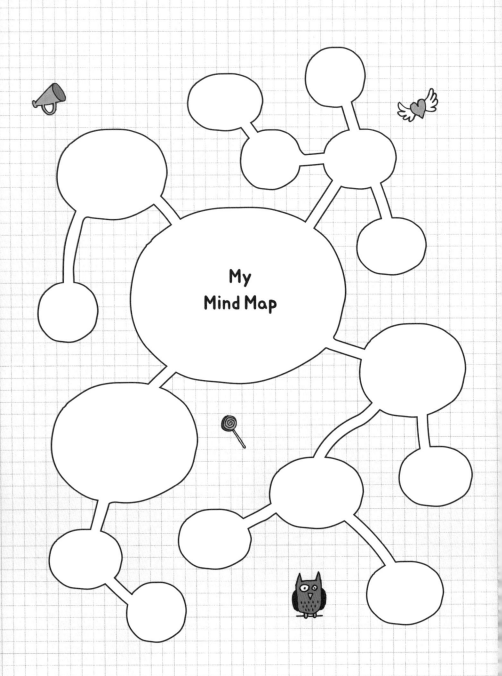

My
Mind Map

DAY   Date   .   .

모험을 위한 마법의 주문

·

·

·

특명! 여러 개의 나를 상상하라.

오늘의 아하(A-ha!) 순간

오늘의 주요 모험

1.

2.

3.

수고한 나에게 한 줄 편지 ✦₊

DAY   Date   .   .

모험을 위한 마법의 주문   오늘의 아하(A-ha!) 순간

·

·

·

특명! 여러 개의 나를 상상하라.

                                             오늘의 주요 모험

                                             1.

                                             2.

                                             3.

                                             수고한 나에게 한 줄 편지

DAY   Date   .   .

모험을 위한 마법의 주문

·

·

·

특명! 여러 개의 나를 상상하라.

오늘의 아하(A-ha!) 순간

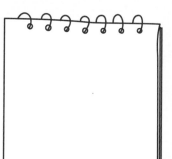

오늘의 주요 모험

1.

2.

3.

수고한 나에게 한 줄 편지

DAY   Date   .   .

모험을 위한 마법의 주문   오늘의 아하(A-ha!) 순간

·

·

·

특명! 여러 개의 나를 상상하라.

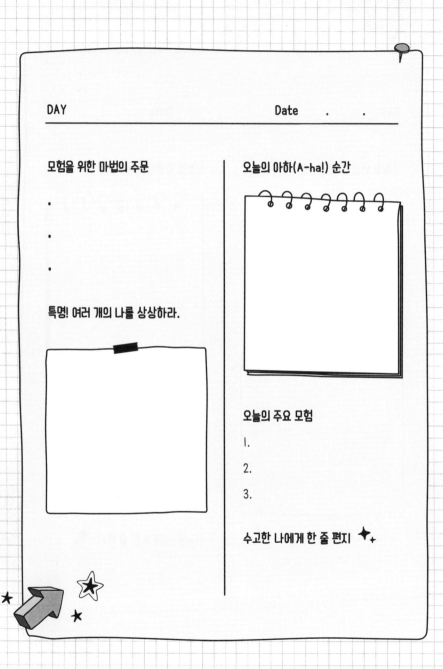

오늘의 주요 모험

1.

2.

3.

수고한 나에게 한 줄 편지

DAY _____ Date ___ . ___ . ___

모험을 위한 마법의 주문

-
-
-

특명! 여러 개의 나를 상상하라.

오늘의 아하(A-ha!) 순간

오늘의 주요 모험

1.

2.

3.

수고한 나에게 한 줄 편지 ✦

221

DAY _____ Date _____ . _____ . _____

모험을 위한 마법의 주문

-
-
-

특명! 여러 개의 나를 상상하라.

오늘의 아하(A-ha!) 순간

오늘의 주요 모험

1.
2.
3.

수고한 나에게 한 줄 편지

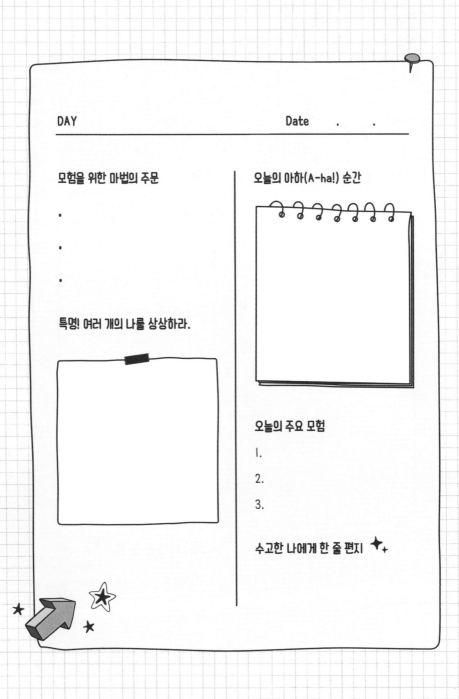

DAY   Date   .   .

모험을 위한 마법의 주문   오늘의 아하(A-ha!) 순간

•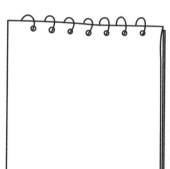

•

•

특명! 여러 개의 나를 상상하라.

                                        오늘의 주요 모험

                                        1.

                                        2.

                                        3.

                                        수고한 나에게 한 줄 편지 ✦✦

DAY Date . .

모험을 위한 마법의 주문

-
-
-

특명! 여러 개의 나를 상상하라.

오늘의 아하(A-ha!) 순간

오늘의 주요 모험

1.

2.

3.

수고한 나에게 한 줄 편지

DAY   Date   .   .

모험을 위한 마법의 주문   오늘의 아하(A-ha!) 순간

-

-

-

특명! 여러 개의 나를 상상하라.

오늘의 주요 모험

1.

2.

3.

수고한 나에게 한 줄 편지 ✦

225

DAY   Date   .   .

모험을 위한 마법의 주문

-
-
-

특명! 여러 개의 나를 상상하라.

오늘의 아하(A-ha!) 순간

오늘의 주요 모험

1.

2.

3.

수고한 나에게 한 줄 편지

DAY _____ Date   .   .

모험을 위한 마법의 주문

-

-

-

특명! 여러 개의 나를 상상하라.

오늘의 아하(A-ha!) 순간

오늘의 주요 모험

1.

2.

3.

수고한 나에게 한 줄 편지! ✦₊

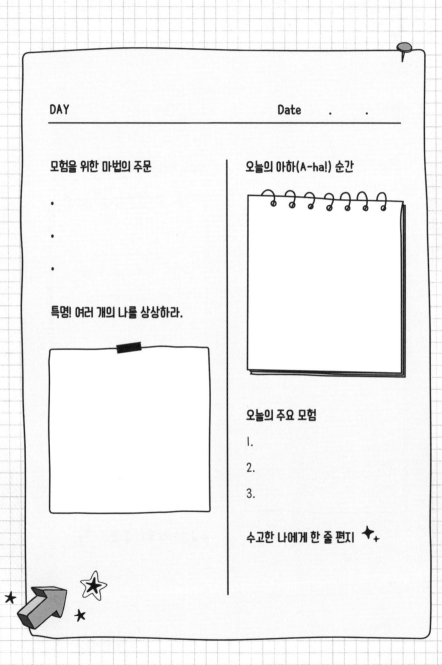

DAY   Date   .   .

모험을 위한 마법의 주문   오늘의 아하(A-ha!) 순간

•

•

•

특명! 여러 개의 나를 상상하라.

                                            오늘의 주요 모험

                                            1.

                                            2.

                                            3.

                                            수고한 나에게 한 줄 편지

DAY _____   Date   .   .

모험을 위한 마법의 주문

·

·

·

특명! 여러 개의 나를 상상하라.

오늘의 아하(A-ha!) 순간

오늘의 주요 모험

1.

2.

3.

수고한 나에게 한 줄 편지

DAY   Date   .   .

모험을 위한 마법의 주문   오늘의 아하(A-ha!) 순간

·

·

·

특명! 여러 개의 나를 상상하라.

오늘의 주요 모험

1.

2.

3.

수고한 나에게 한 줄 편지

DAY   Date   .   .

모험을 위한 마법의 주문   오늘의 아하(A-ha!) 순간

-

-

-

특명! 여러 개의 나를 상상하라.

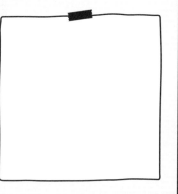

오늘의 주요 모험

1.

2.

3.

수고한 나에게 한 줄 편지 ✦

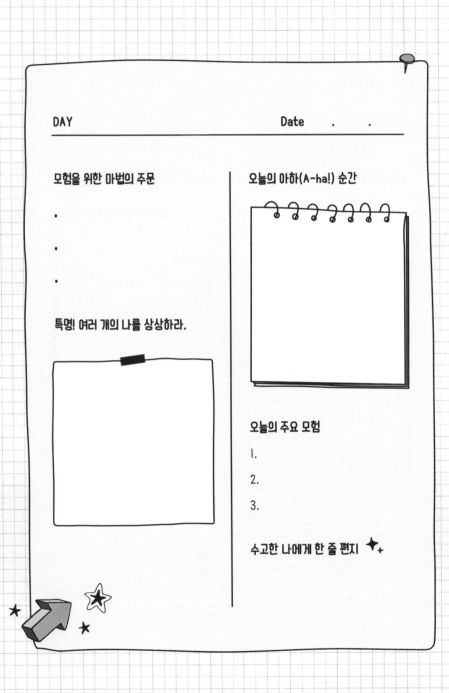

DAY   Date   .   .

모험을 위한 마법의 주문

·

·

·

특명! 여러 개의 나를 상상하라.

오늘의 아하(A-ha!) 순간

오늘의 주요 모험

1.

2.

3.

수고한 나에게 한 줄 편지

DAY   Date   .   .

모험을 위한 마법의 주문   오늘의 아하(A-ha!) 순간

•

•

•

특명! 여러 개의 나를 상상하라.

                                            오늘의 주요 모험

                                            1.

                                            2.

                                            3.

                                            수고한 나에게 한 줄 편지 ✦₊

233

DAY   Date   .   .

모험을 위한 마법의 주문   오늘의 아하(A-ha!) 순간

•

•

•

특명! 여러 개의 나를 상상하라.

오늘의 주요 모험

1.

2.

3.

수고한 나에게 한 줄 편지

DAY _____   Date　　.　　.

모험을 위한 마법의 주문

•

•

•

특명! 여러 개의 나를 상상하라.

오늘의 아하(A-ha!) 순간

오늘의 주요 모험

1.

2.

3.

수고한 나에게 한 줄 편지 ✦

DAY

Date　　.　　.

모험을 위한 마법의 주문

-
-
-

특명! 여러 개의 나를 상상하라.

오늘의 아하(A-ha!) 순간

오늘의 주요 모험

1.

2.

3.

수고한 나에게 한 줄 편지

DAY   Date   .   .

모험을 위한 마법의 주문

•

•

•

특명! 여러 개의 나를 상상하라.

오늘의 아하(A-ha!) 순간

오늘의 주요 모험

1.

2.

3.

수고한 나에게 한 줄 편지 ✦

DAY   Date   .   .

모험을 위한 마법의 주문

-
-
-

특명! 여러 개의 나를 상상하라.

오늘의 아하(A-ha!) 순간

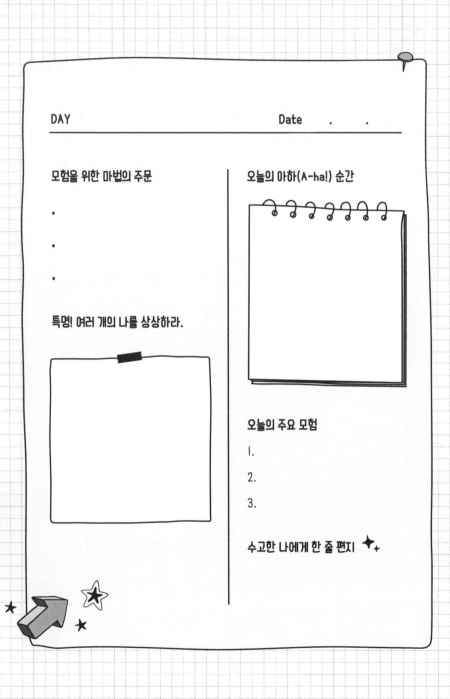

오늘의 주요 모험

1.
2.
3.

수고한 나에게 한 줄 편지

DAY   Date   .   .

모험을 위한 마법의 주문   오늘의 아하(A-ha!) 순간

•

•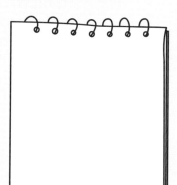

•

특명! 여러 개의 나를 상상하라.

   오늘의 주요 모험

                                       1.

                                       2.

                                       3.

                                       수고한 나에게 한 줄 편지 ✦₊

DAY

모험을 위한 마법의 주문

-
-
-

특명! 여러 개의 나를 상상하라.

오늘의 아하(A-ha!) 순간

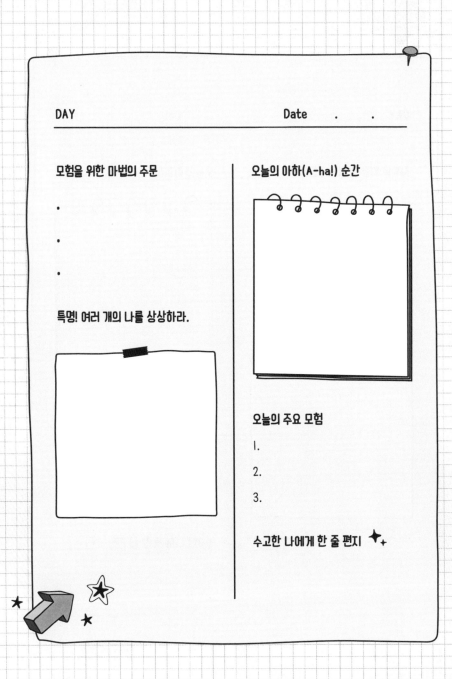

오늘의 주요 모험

1.

2.

3.

수고한 나에게 한 줄 편지

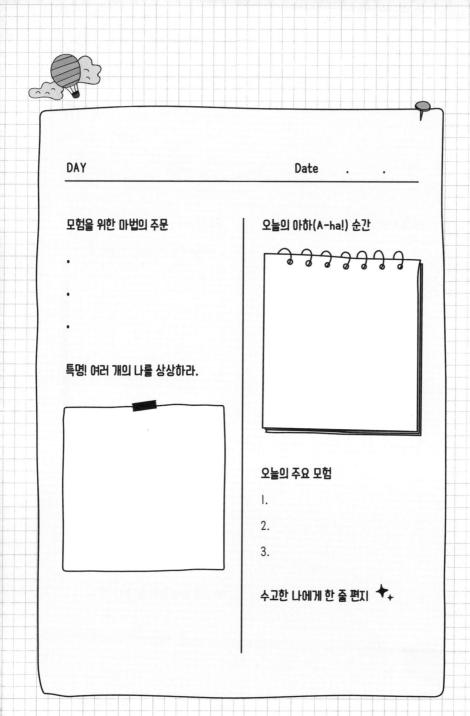

DAY   Date   .   .

모험을 위한 마법의 주문   오늘의 아하(A-ha!) 순간

•

•

•

특명! 여러 개의 나를 상상하라.

                                       오늘의 주요 모험

                                       1.

                                       2.

                                       3.

                                       수고한 나에게 한 줄 편지

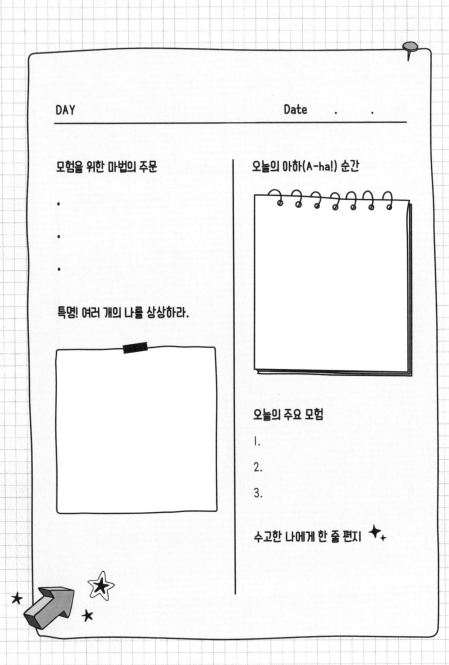

DAY   Date   .   .

모험을 위한 마법의 주문   오늘의 아하(A-ha!) 순간

·

·

·

특명! 여러 개의 나를 상상하라.

오늘의 주요 모험

1.

2.

3.

수고한 나에게 한 줄 편지

DAY   Date   .   .

모험을 위한 마법의 주문   오늘의 아하(A-ha!) 순간

·

·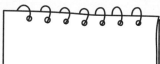

·

특명! 여러 개의 나를 상상하라.

   오늘의 주요 모험

                                        1.

                                        2.

                                        3.

                                        수고한 나에게 한 줄 편지 ✦₊

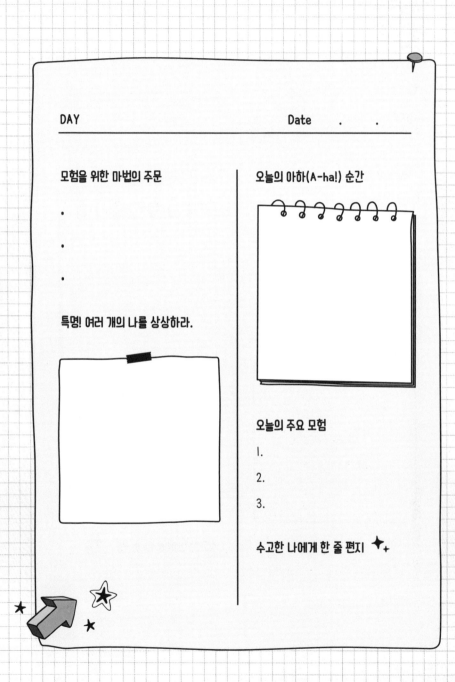

DAY   Date   .   .

모험을 위한 마법의 주문

-
-
-

특명! 여러 개의 나를 상상하라.

오늘의 아하(A-ha!) 순간

오늘의 주요 모험

1.
2.
3.

수고한 나에게 한 줄 편지 ✦✦

244